AF329660

Le Fascisme

et

ses Résultats

par

H. de Vries de Heekelingen

Ancien Professeur
à l'Université Catholique de Nimègue

Social Editions

Bruxelles   3, av. des Arts
120, Av. des Champs-Élysées
PARIS

Introduction.

————

*Il Fascismo è tal cosa che
quando si è impadronito di
un'anima non la lascia più.*
MUSSOLINI.

A l'heure qu'il est on peut diviser les habitants
de l'Europe non-italienne en trois catégories :

Il y a ceux qui comprennent que le fascisme représente l'ordre, la discipline, la hiérarchie, le respect de la religion, l'amour de la patrie, l'accepta-
tion du sacrifice. Ce sont ceux qui aiment et admi-
rent le fascisme.

D'autres comprennent aussi le fascisme et se
rendent compte que l'adoption de ce système signifie l'arrêt de mort du parlementarisme qui leur

est cher, malgré qu'il soit aussi corrompu qu'usé;
que le fascisme signifie la fin de l'anticléricalisme
auquel ils se sont voués. Les personnes qui consi-
dèrent le fascisme de ce point de vue très spécial,
s'identifient avec celles qui ne veulent pas avoir
« des ennemis à gauche » et qui travaillent, en le
voulant ou non, à la victoire des idées qui ont inspiré
les assassins et les persécuteurs russes et mexicains.
Ils réclament et ils célèbrent la liberté, mais ils
appelent, en défendant les Droits de l'Homme et
les principes de 1789, une tyrannie comme le
monde n'en a pas encore connue.

La troisième catégorie englobe l'immense majorité des Européens. Ils ne comprennent pas. En
matière politique ils ne connaissaient que les partis
de droite et de gauche et, si l'on veut, du centre.
Ils se trouvent terriblement embarrassés en voulant
classer le fascisme. Les uns leur disent que les fascistes sont la pire espèce de la gent conservatrice et
réactionnaire, qu'ils règnent par la terreur, qu'ils
suppriment les dernières libertés des pauvres ouvriers et qu'ils sont « une garde blanche des indus-

triels et surtout des agrariens » [1]). D'autres dé-
clarent que les premiers se trompent, que, bien
au contraire, ces terribles fascistes sont des communistes déguisés, que la franc-maçonnerie, en
apparence supprimée, règne partout et que la vie
de ceux qui s'opposent aux Fr.˙. est constamment
en danger [2]). D'autres encore prétendent que le
fascisme n'a pas de doctrine du tout. Ils contestent
à Mussolini la paternité de son programme. Sa
politique économique serait celle de M. Nitti;
sa politique nationale, nationaliste disent d'autres,
aurait été empruntée à Enrico Corradini; sa politique religieuse n'aurait été possible qu'après la
préparation de Don Sturzo; son programme social
aurait été inspiré par les propositions développées
par M. Filippo Turati; l'Etat fasciste ne serait

---

[1]) F. NITTI. *Bolchévisme, fascisme et démocratie.* Paris,
1926, p. 70.

[2]) Un Italien, vivant à l'étranger, ose même m'écrire :
« Les francs-maçons se sont presque tous rangés à côté du
dictateur... Ce sont les catholiques qu'on tue maintenant,
on les emprisonne..., etc. »

autre, d'après Benedetto Croce, que l'Etat libéral lui-même.

Alors on comprend l'embarras de ceux qui ne connaissent pas de près l'Italie fasciste. Qu'en penser? Où la placer? A gauche, à droite, au centre? Et — le plus étonnant c'est... qu'ils ont raison d'hésiter. Car le fascisme n'a sa place nulle part dans l'ancienne dénomination des partis politiques. Le fascisme est hors cadres, absolument hors les cadres. Le fascisme n'est ni bourgeois, ni prolétarien. Il attaque avec égale ardeur les abus du capitalisme et la démagogie des foules prolétariennes. Il embrasse à la fois la vie nationale, économique et sociale. Au lieu de vouloir réinstaller un passé quelconque, il ne regarde que l'avenir.

Il se peut qu'à sa naissance le fascisme ait fait mine de parti politique. En réalité, il ne l'a jamais été. Le fascisme est né d'une crise de croissance d'un peuple plein de vitalité, décidé à liquider définitivement un passé néfaste et à entreprendre une reconstruction et un assainissement complets.

Le fascisme, a dit un jour Mussolini, veut remplacer tout ce qui reste du passé démocratique par un ordre nouveau, fait de discipline et de hiérarchie, qui permettra à l'Etat d'exercer sa fonction, sans chantage et sans désordre, pour le bien-être du peuple et la prospérité de la nation. Le fascisme est devenu ainsi un état d'âme, un renouveau, une renaissance du peuple italien et peut-être se révèlera-t-il comme une renaissance du monde entier. Alors, la vie se renouvellera et nous assisterons à la naissance d'un *Neuentstehende Welt* et non pas à l'*Untergang des Abendlandes*.

Le tronc très vieux, et que d'aucuns croyaient vermoulu, a donné naissance à une poussée nouvelle et merveilleuse. Rome, la Rome des Césars, qui a porté la civilisation au monde; Rome, la Rome des Vicaires du Christ, qui a christianisé le monde; cette même Rome, la Rome de Mussolini, sauvera encore une fois le monde en lui rappelant la haute valeur civilisatrice de la Rome-impériale, en lui imposant le respect dû à la Rome-chrétienne, en lui apprenant les principes nouveaux de la Rome-sociale.

L'immense valeur du fascisme réside, en effet, dans sa solution du problème social qui, jusqu'à son avènement, risquait de devenir le gouffre où notre civilisation allait sombrer. L'Europe est au seuil de temps nouveaux. Nous marchons à grands pas vers la faillite définitive de la démocratie. Cette faillite sera-t-elle suivie de la destruction, de l'anéantissement de notre civilisation qui, comme toutes les autres, selon la définition de Victor Hugo, aurait commencé par la théocratie et finirait par la démocratie? Signifiera-t-elle la lutte à outrance contre la religion et le retour à la barbarie? Ou verrons-nous la régénération, le remplacement d'un système ruiné et en pleine décomposition, par un autre, jeune et fort, dont le génie latin, éternellement jeune, aura doté le monde? Que l'on ne se trompe pas. Tous les partis de gauche, si modérés qu'ils puissent être, mèneront le monde à la perte de toutes les valeurs morales et culturelles. M. Vandervelde, un modéré, membre d'un ministère où il siège à côté de ministres catholiques, a publié, en 1925, dans la *Europäische Revue* un article sur le socialisme en Europe. Voici com-

ment il définit le but final à atteindre : « Il ne s'agit
» pas actuellement de faire vaincre un des partis
» politiques, mais d'assurer, en l'accaparant, la
» plénitude du pouvoir à une classe de la popu-
» lation. Il s'agit donc d'une révolution et de la
» plus radicale que le monde ait vue jusqu'à ce
» jour. Cette révolution se fera-t-elle dans certains
» pays légalement et sans secousses? Ou verrons-
» nous que les convulsions violentes qui, dans la
» plupart des Etats européens, ont accompagné
» ses débuts, prendront le dessus? La première
» façon serait à souhaiter, mais il n'est pas exclu,
» hélas, que l'on doive avoir recours à la violence. »
On ne pourrait désirer une exposition plus nette
et d'une bouche plus autorisée de l'aboutissement
des doctrines dont Mussolini s'est proclamé l'irré-
ductible adversaire.

Le chemin parcouru par le fascisme est déjà assez
long pour nous permettre un jugement sur ses principes, sur les résultats qu'il a obtenus jusqu'à ce
jour et sur son avenir probable.

Les origines.

La situation intérieure de l'Italie avant les évènements précurseurs de la Marche sur Rome, est trop
connue pour que nous nous y arrêtions longtemps.
De tout ce que nous savons maintenant, il ressort
que l'Etat italien était en pleine décomposition.
Si cette décomposition avait été le résultat de la
déchéance de l'individu italien, même un Mussolini n'aurait pu sauver l'Italie. Le pays serait tombé,
comme un fruit trop mûr, dans le panier que Moscou
tendait déjà des deux mains. Un instant, lors de
l'occupation communiste des municipalités et des
usines, lorsque le drapeau rouge flottait sur leurs
toits, on aurait pu croire que ce moment était
arrivé. Mais pas pour longtemps. Mussolini était
intervenu. Il avait réveillé brusquement tout ce
qu'il y avait d'héroïque et de généreux dans l'âme

italienne, en lui infusant l'orgueil de l'ascendance romaine, que tous les Italiens, du haut en bas de l'échelle sociale, ressentent en ce moment. Il avait fait davantage. Il avait montré du doigt la cause de toutes les misères, de toutes les difficultés et de toutes les humiliations parmi lesquelles l'Italie se débattait.

Le système parlementaire, que jamais l'Italie n'aurait dû adopter, avait poussé le pays jusqu'au bord de l'abîme. Ce système peut convenir à l'Angleterre, son pays natal, où, aussi longtemps qu'il n'y avait que deux partis, le parlement a fonctionné remarquablement bien, et à un pays aussi décentralisé que la Suisse, où une tradition de saine démocratie, plus de six fois centenaire, a donné au peuple une éducation de civisme éclairé, unique en Europe. Pour les pays latins, le parlementarisme est un des pires maux que l'on puisse leur imposer. Lorsque Voltaire et Montesquieu le mirent à la mode et que la phraséologie révolutionnaire du XVIIIe siècle mourant l'eut enveloppé de toutes ses tendresses, toutes les leçons de l'histoire furent oubliées et l'on troqua les traditions du sol natal contre le mirage anglo-saxon. Après un siècle d'idéologie démocratique et humanitaire, pendant lequel on a essayé successivement toutes les formes d'organisation parlementaire, nous assistons maintenant à la déchéance du système. Cette dégénérescence du parlementarisme, ce « morbus democraticus », cette incapacité de développer et de guider les forces nationales, se faisait jour en Italie plus que partout ailleurs. Que de fois n'y a-t-on pas vu un parti politique combattre un projet de loi, qu'il avait défendu chaudement quelques mois auparavant. Et cela uniquement en considération des avantages qui pouvaient en résulter pour lui. L'intérêt du parti, ou même l'intérêt privé, primait l'intérêt public. C'était un jeu de balançoire, l'hésitation, le marchandage, l'instabilité installés là où il devait y avoir la fermeté, l'honnêteté et, avant tout, la continuité et la stabilité. La démocratie parlementaire y amenait le nivellement de tout ce qui est élevé, la destruction des élites, de tout ce qui est sublime. Le champ de pissenlits, de loin joli et engageant, mais monotone et vulgaire

de près, où un lys ne peut pousser, où une rose
ne peut fleurir.

Ce régime d'intrigue et de corruption, comme
Auguste Comte l'appelait, était arrivé à un degré
d'avilissement inconnu jusqu'à nos jours. Le parlement était envahi par une masse, dont l'incom-
pétence allait jusqu'à l'ignorance complète de tous
les problèmes, compliqués et graves, sur lesquels
elle était appelé à statuer. Les socialistes étaient
convaincus de la fin prochaine du régime et le
chef du bureau exécutif du parti socialiste italien,
M. Bombacci, expliquait déjà, devant un public
nombreux, l'organisation soviétique qui le rempla-
cerait prochainement. Le gouvernement s'était éva-
noui. Impuissant à réprimer l'action révolutionnaire
des moscovites, il assistait en observateur aux symp-
tômes précurseurs d'une révolution et d'une ruine
certaine et inévitable. Il avait, comme tous les
régimes mourants, la crainte de se défendre.

Les grèves continuelles, agraires ou industrielles,
— presque toujours injustifiées ou déclenchées

pour les raisons les plus infimes — accompagnées à la campagne d'incendies, de massacres de bétail ou d'abandon des animaux et des récoltes; l'occupation des usines, l'envahissement des terres et le renoncement, de la part des paysans, à la participation aux bénéfices, tout cela conduisait le pays, irrémédiablement et à pas accélérés, à la ruine. Lenine envoya du Kremlin sa bénédiction; mais M. Giolitti était en voyage et silencieux comme Baäl à la montagne du Carmel. Pis encore, entraîné de concession en concession, le gouvernement alla jusqu'à l'amnistie des déserteurs, une année seulement après la guerre, et jusqu'au déplacement des cheminots blancs, qui l'avaient aidé à briser la grève des cheminots de janvier 1920.

Ce n'était plus l'accalmie avant l'orage, mais une redoutable tempête. La bourgeoisie, tombée en léthargie, suivait l'exemple de M. Giolitti. Nulle part un essai de résistance sérieuse ou d'intervention gouvernementale. Seuls, quelques groupements fascistes osaient relever virilement la tête. Ils se voyaient secondés par les nationalistes, qui, depuis longtemps déjà, faisaient des efforts pour réveiller dans les âmes de la nouvelle génération le sentiment de la solidarité nationale. Le parti nationaliste n'était pas nombreux, c'était un petit groupe d'élite qui ne s'était pas compromis dans les luttes parlementaires et dont le programme tendait à régénérer l'Italie, tout en restant fidèle aux meilleures traditions du pays. Les fascistes ne comptaient pas non plus beaucoup d'adhérents, mais leur audace invincible, leur idéalisme inaltérable, leur amour pour l'Italie, prêt à tous les sacrifices, les rendaient plus forts que les autres, cent fois plus nombreux qu'eux. Et puis, le fascisme, une fois né, avait les plus fortes raisons de vivre. Son mysticisme assura sa victoire. A ceux qui se sont rangés sous sa bannière, il a imposé la loi du sacrifice. Il a imprégné leurs cœurs et leurs cerveaux de la foi au miracle d'une nouvelle Renaissance du peuple italien. Et ceux qui n'ont pas pu croire, parce qu'ils ne pouvaient se défaire des formules vétustes et surannées, ont été remplacés par la jeunesse qui, elle, croyait..... *Giovinezza, giovinezza, primavera di bellezza.*

Quand Mussolini reprocha aux « professionnels de la politique parlementaire » « d'exploiter par la ruse et les mensonges les instincts populaires pour se maintenir au pouvoir », il n'entendit pas se servir de la même méthode, mais il voulut régénérer ces instincts du peuple. Il voulut mener à fond la lutte contre « la vieille démocratie et le libéralisme », contre « la prétendue souveraineté du peuple », il voulut substituer le facisme « techniquement et politiquement à cet Etat éternellement impréparé, hésitant et sans volonté », il voulut se battre pour « limiter la liberté », car il comprit que le principe élémentaire d'un Etat doit être l'autorité et non pas la liberté. Mussolini annonça donc qu'il s'agissait de « démolir tout d'abord la construction socialiste et démocratique ». [1] Ses principes sont ainsi également en opposition avec la doctrine des populaires, défenseurs du régime démocratique et du suffrage universel, admirateurs du parlementarisme et de la liberté. Résolument, Mussolini s'est mis à la tête des évènements. En criant

---

[1] Discours à Udine, du 20 septembre 1922.

bien haut son idéal, en subordonnant tout au
Salut Public, il a réveillé la conscience du peuple. Et les libéraux, autant que les socialistes et
les populaires ont vu déserter souvent les meilleurs d'entre eux pour s'incorporer dans les *Fasci*.
Ce grand succès aurait pu lui devenir funeste, car
il fallait réunir ces groupes fascistes avec des tendances et des origines fort diverses, il fallait donner
une direction unique à des aspirations très variées.
Les fils de banquiers, de fabricants, de propriétaires terriens se trouvaient côte à côte avec des
ouvriers et des paysans. Socialistes et nationalistes,
libéraux et populaires étaient tout étonnés de se
trouver l'un à côté de l'autre.

C'est le génie de Mussolini d'avoir su imposer un
idéal commun à toutes ces forces divergentes, de
les avoir unies par le lien de l'orgueil de race et de
l'amour sans bornes de la patrie, d'avoir remplacé
le mirage de la liberté par le culte de l'ordre, de la
hiérarchie et de la discipline. En agissant ainsi,
Mussolini a bâti sa réforme sur des bases solides et
saines.

Le fascisme et les populari.

L'œuvre de Mussolini, la révolution fasciste, est essentiellement antimoderne et antirévolutionnaire.

Anti-moderne, parce qu'elle s'attaque à tous les dieux que notre siècle a adorés; antirévolutionnaire, parce qu'elle combat toutes les révolutions à la fois : la révolution religieuse du XVIe siècle, la révolution politique du XVIIIe et la révolution sociale du XIXe siècle.

Bien avant d'avoir été appelé à la tête du gouvernement, le 21 juin 1921, dans un discours, prononcé à Montecitorio, Mussolini avait défini ainsi les principes directeurs de sa politique : « la tradition latine et impériale de Rome est au- » jourd'hui représentée par le catholicisme. Si, » comme disait Mommsen il y a 25 ou 30 ans,

» l'on ne reste pas à Rome sans recevoir une idée
» universelle, je pense et affirme que l'unique idée
» universelle qui existe maintenant à Rome est
» celle qui rayonne du Vatican. »

Un discours prononcé cinq ans plus tard par
M. Bodrero, au nom du gouvernement, discours
dont nous relevons plus bas la partie essentielle,
prouve que le Gouvernement fasciste n'a pas
hésité à faire des déclarations encore bien plus
nettes et plus significatives.

Giovanni Gentile, ministre de l'Instruction Publique dans le premier ministère fasciste désire,
autant que Mussolini, renforcer le sentiment religieux et la foi catholique du peuple italien. Ecoutez
ses affirmations à la première réunion du nouveau
Conseil supérieur de l'Instruction Publique, le
15 novembre 1923 : « Un Etat qui ne s'intéresse
» pas à la religion n'est pas un Etat. Ce n'est pas
» un Etat pareil que l'Etat italien voudrait être.
» Que l'on ne dise pas : de la religion, oui, mais pas
» une religion donnée. Paroles contraires au bon

» sens. Ce serait comme si l'on disait : de la
» poésie, oui, mais pas de Dante, ni d'Homère, ni
» de Shakespeare, ni d'un autre poète. La poésie
» est toujours une poésie donnée. De même la reli-
» gion. — En Italie, si l'Etat représente la cons-
» cience active nationale, la conscience de l'avenir
» en fonction du passé, la conscience historique,
» il sera la conscience religieuse catholique, même
» pour celui qui pense que la forme catholique a
» besoin d'être revécue, donc élaborée, élevée et
» parachevée par le travail d'un esprit toujours
» vigilant, toujours disposé à la critique et au per-
» fectionnement de son propre contenu. » *

La déclaration de Mussolini autant que celle
de Gentile exposent avec une netteté absolue l'attitude du facisme à l'égard de l'Eglise. Quand on voit
les anticléricaux sacrifier les intérêts de leur patrie

---

* Cette dernière partie de la déclaration de M. Gentile,
qui depuis lors a été remplacé comme ministre de l'Instruction Publique par M. Fedele, laisse deviner que ses principes
ne s'accordent guère avec l'enseignement intégral de
l'Église. Ceci ne diminue cependant pas la valeur de sa
déclaration comme ministre.

à leur haine féroce et stupide de l'Eglise, on est heureux de constater que Mussolini, avec sa franchise et son courage coutumiers, annonce *urbi et orbi* qu'il entend protéger l'Eglise catholique. Le facisme entre donc en lutte ouverte avec la révolution du XVIe siècle, qui domine aujourd'hui le monde. Il protège ainsila civilisation latine, essentiellement catholique dans ses origines et dans son développement, plus encore, il identifie sa cause avec celle du catholicisme. Depuis que l'Etat italien existe, ses dirigeants ont toujours rivalisé d'anticléricalisme. L'Etat fasciste a brisé cette opposition du monde officiel à l'Eglise. Il vise à une conciliation de Celle-ci avec l'Etat.

Toutes les décisions que le Gouvernement fasciste a déjà prises en faveur de l'Eglise ou des principes catholiques, ne sont donc pas des faits isolés, comme certains veulent bien nous l'affirmer; elles n'ont pas été déterminées par des motifs d'opportunité, comme d'autres l'insinuent, mais elles sont les conséquences des principes arrêtés dès le commencement. Il ne pouvait en être autrement, car les in-

térêts des catholiques et des fascistes se confondent
en grande partie. De ce fait, ceux-là ont obtenu
sous le gouvernement de ceux-ci beaucoup plus que,
jamais, ils n'auraient osé espérer. Les Italiens
étaient, il y a sept ans, bien loin d'entrevoir la possibilité d'un gouvernement tenant compte des intérêts de l'Eglise, et l'on s'étonne qu'il soit possible
qu'il y ait encore toujours des catholiques, si for-
tement imbus des anciennes idées sur le parlementarisme, la démocratie, la liberté, qu'ils ne se rendent
pas compte de l'intérêt qu'il y a pour eux à se ranger
sous la bannière fasciste. Ils fortifieraient l'élément
religieux et croyant et ils témoigneraient ainsi à
Mussolini leur gratitude pour tout ce qu'il a fait
jusqu'ici en faveur du catholicisme.

Que demandait, en effet, le programme populaire avant l'ère fasciste?

Les populaires demandaient le rétablissement de
l'enseignement religieux obligatoire dans les écoles.
C'est le gouvernement fasciste qui l'a rétabli.

Les populaires demandaient le bénéfice de l'exa-

men d'Etat pour l'enseignement catholique se-
condaire. C'est le gouvernement fasciste qui l'a
accordé, non seulement pour l'enseignement se-
condaire, mais aussi pour l'enseignement supérieur
et pour les universités catholiques.

Les populaires demandaient la réintroduction
du crucifix dans les écoles. C'est le gouvernement
fasciste qui l'a replacé dans les écoles, dans les tribunaux et même dans l'enceinte du Parlement.

Les populaires demandaient qu'on écarte le
danger d'une législation favorable au divorce.
C'est le gouvernement fasciste qui a écarté ce danger
en proclamant la nécessité sociale de l'indisso-
lubilité du mariage.

Les populaires demandaient l'augmentation des
revenus dérisoires du clergé. Tandis qu'ailleurs
le clergé est souvent réduit à la misère, les prêtres
italiens ont vu doubler leurs émoluments par le
gouvernement fasciste.

Les populaires demandaient l'abolition de l'*Exe-*

quatur et du *Placet*. Le gouvernement fasciste a déjà préparé un projet de loi dans ce sens.

Les populaires demandaient l'attribution de la personnalité juridique aux couvents et aux congrégations. Un projet de loi a été préparé également.

Les populaires demandaient l'attribution de la personnalité civile aux corporations religieuses. Ceci aussi le gouvernement fasciste est prêt à l'accorder.

Les populaires demandaient que les séminaristes fussent exempts du service militaire. C'est le gouvernement fasciste qui les a libérés.

Les populaires demandaient le rétablissement de l'assistance religieuse dans l'armée, abolie depuis plus d'un demi siècle. Le gouvernement fasciste a nommé des aumôniers militaires dans l'armée de terre, de mer et de l'air, sous la juridiction d'un évêque militaire avec le rang de général.

Les populaires demandaient que le gouvernement reconnaisse les fêtes religieuses. C'est le gouvernement faciste qui les a reconnues presque intégralement. L'on se souvient encore que Mussolini a fait déclarer fête nationale le 4 octobre 1926, septième centenaire de la mort de saint François d'Assise, prouvant ainsi qu'en Italie l'époque est passée où le fait d'être un saint de l'Eglise était un obstacle pour être une des gloires de sa patrie. [1]

Les populaires demandaient l'interdiction de la propagande maçonnique, de la propagande immorale, irreligieuse, antipatriotique. C'est le gouvernement faciste qui l'a interdite en limitant la liberté de la presse. Et... les populaires protestent!

Les populaires protestent et ils ne sont pas seuls à protester. Ils font chorus avec ce qui reste des socialistes et des communistes, tous matérialistes,

---

[1] La plupart des points du programme populaire a été empruntée aux lettres de Mgr. Faloci Pulignani, publiées sous le titre : *Religione e Fascismo*, Rome, 2e Ed., 1925, p. 26-27.

mécréants, athées; avec des républicains et des libéraux, tous voltairiens et francs-maçons.

Tous ces oiseaux de divers plumages protestent contre la limitation de la liberté de la presse. Des libéraux, des socialistes, des communistes, cela se comprend. Mais les populaires? Comment s'expliquer leur manière d'agir et de penser. Un rapprochement entre l'Eglise et l'Etat devrait quand même se présenter à leur esprit. De même que l'Eglise a le devoir de veiller sur l'âme de ses enfants, l'Etat a celui de défendre ses citoyens contre l'immoralité, contre l'irreligion et contre les menées subversives. Des appels à tout cela ont été imprimés au nom de cette sainte liberté invoquée par les populaires. Au lieu de protester, ils auraient dû être les premiers à soutenir Mussolini lorsqu'il osait s'attaquer au « principe immortel » de la liberté de la presse. Après tout ce que nous venons de dire, faut-il encore demander s'il en a le droit, s'il a eu raison en agissant ainsi? En 1925, l'*Asino*, une des feuilles les plus anticléricales et les plus immorales, qui étalait partout ses immondices, a répondu à

2

notre place. L'*Asino* a cessé de paraître. En annonçant cette décision il a donné comme motif « qu'ac-
» tuellement les mesures gouvernementales et l'état
» d'esprit régnant dans le pays entier rendent im-
» possible la publication d'une revue amusante
» et libre ». Peut-on imaginer un meilleur éloge
dans la bouche d'un adversaire? Mais rien n'y fait.

Pendant la dernière année le nombre des auberges
a diminué de 40,000, l'autorité a fermé 300 salles
de bal et 370 locaux clandestins; 600 entremetteurs
ou gens impliqués dans la traite des blanches
ont été déférés à la police pénale. Encore tout
dernièrement l'autorité fasciste a fermé les tabarins.
Déjà à plusieurs reprises les tribunaux ont con-
damné des individus accusés d'avoir proféré des
blasphèmes. Le gouvernement a créé une loi admirable pour la protection de la maternité et de
l'enfance.

Malgré tout, Don Sturzo continue à jeter feu
et flammes. Même les mesures qui auraient dû lui
être les plus chères ne trouvent pas grâce à ses

yeux, parce qu'elles viennent du gouvernement fasciste. C'est ainsi que Don Sturzo, dans un livre dernièrement paru, affirme qu'il lui est impossible d'approuver les lois antimaçonniques, parce qu'elles font partie « d'un système d'attaque qui surpasse la loi et la morale publique ». Comme si, en matière politique, le parti populaire s'en était préoccupé autrefois, malgré les principes catholiques, dont il se prévalait!

Cette contradiction s'est d'ailleurs révélée dans le parti populaire dès ses origines. D'une part, il se présentait comme conservateur, mais d'autre part, il se servait de moyens de lutte en violent contraste avec les idées conservatrices et même religieuses. Certes, il faisait appel aux valeurs idéales pour combattre le socialisme, mais il le combattait surtout par la concurrence et par la surenchère. Les populaires perdirent ainsi bientôt une bonne partie de leur prestige, tantôt à droite, tantôt à gauche, et montrèrent, bien vite après leur naissance, les signes d'une sénilité précoce.

Déjà au premier congrès du parti populaire, en

1920, des divergences de vues extrêmement graves se firent jour. Le député Miglioli, en vrai bolchevik, demandait l'expropriation de la terre, sans aucune indemnité aux propriétaires. D'autres populaires proposaient des mesures moins extrêmes et d'autres encore ne voulaient d'aucune expropriation. On trouva alors un moyen terme; mais une année plus tard, le glissement à gauche avait fait des progrès si grands et si rapides que le parti ne refusait plus en principe une collaboration avec les socialistes. Encore une année plus tard, les populaires étaient tombés déjà si bas qu'ils devaient entendre de la bouche de M. Facta le reproche « d'avoir poussé les classes ouvrières à la pratique de la violence ».

Un parti qui, d'après sa doctrine, devait être conservateur et qui, après une existence de quelques années, se trouvait de plus en plus orienté à gauche, ne pouvait exercer une influence décisive sur les évènements lorsque le facisme soulevait l'enthousiasme italien. Par sa composition hétéroclite, le parti populaire était acculé à des faux-fuyants qui révélaient une absence de foi courageuse et

ardente dans la partie spirituelle du programme
fasciste. Il est facile de comprendre alors la répu-
gnance de plusieurs d'entre eux, qui quittèrent
le parti en 1923. Ils exposèrent, à cette occasion,
les raisons pour lesquelles les catholiques avaient
le devoir de soutenir le gouvernement fasciste.
De leur proclamation, signée des meilleurs noms
catholiques de la Ville Eternelle, j'extrais quelques
lignes : « Notre adhésion est déterminée par le fait
» que le fascisme, par le moyen du gouvernement
» national, l'unique expression autorisée de ce
» mouvement, reconnaît ouvertement et tient
» en honneur les valeurs religieuses et sociales,
» qui constituent la base de tout régime poli-
» tique sain, en professant contre l'idéologie
» démocratique et sectaire les principes de dis-
» cipline et d'ordre hiérarchique dans l'Etat, en
» harmonie avec les doctrines religieuses et so-
» ciales affirmées toujours par l'Eglise. Le devoir
» politique des catholiques italiens est donc de
» pousser à l'orientation nouvelle de toutes les
» meilleures énergies nationales, tendant avec
» promptitude à la grandeur spirituelle et poli-

» tique et à la reconstruction économique de la
» patrie. » [1])

Et l'opinion de ces catholiques n'a pas changée
depuis 1923. Preuve en est une adresse présentée
en janvier de cette année-ci à Mussolini :

« Les catholiques du Centre national italien
» désirent exprimer à Votre Excellence leur dé-
» vouement et leur confiance qui ne sont pas
» des sentiments nouveaux. Lorsqu'à l'avènement
» du fascisme, le parti populaire inaugurait la
» série des erreurs qui devaient fatalement le pous-
» ser vers sa fin pitoyable, nous tous, l'un après
» l'autre, nous nous en sommes séparés. Ce furent
» pour nous des jours de douleur et de sacrifice,
» mais, dans cette douleur et dans ce sacrifice, nos
» caractères et notre volonté se fortifièrent. C'est

---

[1]) La proclamation entière a été insérée dans la très
intéressante étude du Marquis Piero Misciatelli, *Fascisti
e Cattolici*, Milan, 1924, p. 139-141.

» la raison pour laquelle notre adhésion au régime
» est due à la méditation et à la conviction au lieu
» d'être un fruit de l'enthousiasme. Nous n'avons
» ni carte, ni distinctif du Faisceau, mais notre
» distinctif se trouve dans l'action et dans le tra-
» vail. En agissant ainsi, nous estimons remplir
» notre devoir de citoyens et de catholiques.

» Comme catholiques nous désirons vous exprimer
» notre reconnaissance particulière pour la mise
» en valeur de nos institutions religieuses et de
» notre foi catholique sur le terrain de la vie civile.
» Vous avez donné ainsi un exemple admirable
» d'une politique franchement italienne, condamna-
» tion de tout un passé presque toujours oublieux
» de ce que l'Italie doit à la Papauté... »

Ce langage franc et clair, qui vient du cœur,
émanant de bons catholiques qui, après de longues
années d'injustices et de persécutions plus ou
moins ouvertes, voient enfin poindre le commencement d'une ère nouvelle, est certainement plus
sympathique que les voies tortueuses de Don
Sturzo.

On est en droit de se demander si celui-ci a
bien réfléchi sur ce qui arriverait si l'opposition
multicolore réussissait à renverser Mussolini, hy-
pothèse d'ailleurs invraisemblable. Ce serait, sans
doute, le parti le plus fort, les socialistes avec leurs
acolytes, qui prendrait en mains les rênes du pouvoir. Quelques portefeuilles iraient peut-être aux
populaires, mais une fois la résistance saine et vigoureuse de la jeunesse fasciste brisée, les partis
de gauche ne manqueraient pas de se débarrasser
des populaires. A la place de Mussolini, qui, lors
de la cérémonie du soldat inconnu, prit part, avec
son cabinet, au service religieux en s'agenouillant
aux yeux du peuple de Rome, il y aurait alors
M. Filippo Turati, l'athée. Celui qui a remis la croix
sur le Capitole et au Colisée serait remplacé par un
ennemi de la croix et du Crucifié, avec l'aide des
populaires!

Et que l'on ne suggère pas que les mesures prises
par le gouvernement sont des actions purement
extérieures, dictées par le calcul, ou déterminées
par des motifs d'opportunité. Elles sont, au con-

traire, les conséquences d'une doctrine, que le
Gouvernement fasciste n'a pas craint d'énoncer
devant le monde entier, sans la moindre ambiguité,
sans la moindre hésitation. Le 29 septembre 1926
fut ouvert à Rome le 4e Congrès international
d'éducation morale. Dans son discours d'ouverture
M. Bodrero déclarait au nom du ministre Fedele
et du gouvernement faciste, devant une assemblée
où les catholiques ne formaient certainement pas
la majorité, que son Gouvernement « estime que
» la seule forme possible d'éducation morale est
» celle qui est déterminée par l'Évangile du Christ,
» interprété par la tradition et la doctrine catho-
» lique, dans les Dix Commandements de Dieu et
» dans le catéchisme. Cette conviction a obligé le
» Gouvernement national à rétablir dans les écoles
» l'enseignement obligatoire de la religion catholi-
» que, non seulement parce que cette religion a pour
» les Italiens une grande valeur traditionnelle et
» historique, mais aussi parce que c'est le seul moyen
» de faire connaître aux masses la morale la plus
» élevée qui s'est identifiée avec la culture hu-
» maine, que l'Etat accepte aussi pour soi-même,

» et de les renseigner sur leurs devoirs suprêmes.
» Le Gouvernement italien a aussi prescrit que le
» Crucifix, emblème sacré et universel de rédemp-
» tion et de bonté, soit placé dans tous les établis-
» sements d'instruction, depuis l'école primaire
» jusqu'à l'Université et dans tous les tribunaux,
» jusque dans la Cour de Cassation. Mais l'œuvre
» moralisatrice du Gouvernement national ne s'est
» pas bornée à cela. En s'inspirant des mêmes prin-
» cipes, il traque, de toutes ses forces, chaque forme
» de dégénération des mœurs et il tâche de donner
» au peuple italien une solide conscience morale.
» Le ministre de l'Intérieur d'accord avec ses collè-
» gues, a en effet, publié une série de lois qui,
» non seulement, ont été discutées, approuvées,
» sanctionnées et publiées, mais qui seront rigou-
» reusement appliquées aussi. Parmi ces lois il
» y en a qui réprimeront la traite des blanches et
» qui contiennent des dispositions spéciales pour
» la surveillance des agences de placement. D'autres
» lois défendent aux adolescents l'entrée des lieux
» de rencontres ou ordonnent la fermeture des
» maisons clandestines de prostitution, des cercles,

» salles de bal et autres lieux publics qui ne don-
» nent pas une garantie suffisante de moralité ;
» le signalement des souteneurs, la surveillance la
» plus rigoureuse des étalages de cartes postales
» et de gravures immorales, le renforcement de
» la censure théâtrale... » L'énumération continue
encore, mais il est inutile de poursuivre. Le discours
se passe de tout commentaire. Combien heureux
seraient les catholiques de la plupart des pays,
s'ils pouvaient obtenir chez eux ne fût-ce que la
moitié de ces mesures bienfaisantes! Et malgré cela
Don Sturzo n'hésite pas à attaquer le Gouvernement de son pays dans un livre plein de haine et
d'insinuations, préfacé par un protestant, connu
pour ses sentiments anti-catholiques. Don Sturzo,
avec l'aide d'un ministre protestant attaque ainsi
le Gouvernement qui en juillet 1926 fut seul à
donner des ordres pour que son représentant officiel
ne paraisse pas aux fêtes données en l'honneur
de Jean Huss, fêtes contre lesquelles le Saint-
Siège avait protesté quelques jours auparavant.
L'explication de toutes ses attaques est d'ailleurs
donnée par Don Sturzo lui-même, lorsqu'il prétend

que la figure de Mussolini reste pour lui mystérieuse et incompréhensible. Il ne sait donc juger en connaissance de cause ni le fascisme, ni son chef.

Certes, il n'existe pas et il n'a jamais existé un gouvernement exempt de fautes ou d'erreurs, mais est-ce le rôle de Don Sturzo, dont le parti n'a jamais réalisé ses promesses, d'attaquer un régime auquel son Eglise et sa Patrie sont redevables d'un nombre considérable d'actes de haute justice, tendant tous au rétablissement d'un ordre social fondé sur le respect de la loi divine?

En considération de cette ligne directrice du fascisme, on serait tenté de répondre aux accusations de Don Sturzo en empruntant les paroles de Léopold II, causant avec un évêque missionnaire des abus reprochés à son administration du Congo : « On ne peut accomplir une grande œuvre sans faire » la part du mal. Vous élevez une cathédrale. » Durant la construction il se produira forcément » bien des incidents regrettables. Il y aura des in-» justices, des accidents, des disputes, des rixes

» parfois violentes. On entendra proférer des in-
» jures et des blasphèmes, mais, en fin de compte
» le monument s'achève pour la gloire de Dieu et
» le salut des âmes. Il en va de même au Congo. » [1]

Don Sturzo et les quelques fidèles qui lui restent ne voient pas la grande œuvre à accomplir, ils ne s'arrêtent qu'aux accidents et ils croient pouvoir justifier leur action subversive en signalant des « incidents regrettables ».

------

[1] Cité par le Comte Louis de Lichtervelde, dans sa biographie de *Léopold II*, Bruxelles, 1926, p. 277.

Le fascisme et les libéraux.

En arrivant au pouvoir, le fascisme n'avait plus
à lutter contre le libéralisme comme parti politique.
Celui-ci avait connu ses heures de gloire et d'eni-
vrant orgueil au temps de Cavour, le grand artisan
de l'unité italienne. Mais quel chemin douloureux
et humiliant le libéralisme avait-il dû parcourir
depuis lors! Déjà en 1876, la droite libérale de Cavour et de Ricasoli avait dû céder la place à Crispi
et à Zanardelli, libéraux de gauche. De par ses
doctrines, le libéralisme était prédisposé à une
soumission perpétuelle aux éléments radicaux.
Et le radical d'un jour devenait bien vite aux yeux
de ses émules le conservateur du lendemain. Le
libéralisme glissait ainsi toujours plus à gauche
et était devenu, à la fin, la victime de ses propres
doctrines et surtout de sa fausse conception de la
liberté. Issu lui-même de la révolution du XVIIIe

siècle, il avait engendré la révolution du XIXe siècle et celle-ci avait supplanté celle-là.

Créé par des hommes d'un autre âge, il se trouve désarçonné, confondu, troublé devant une situation qu'il n'arrive pas à comprendre. Il n'y a plus de place pour lui dans l'Europe nouvelle. On le relègue dans un coin obscur, parmi les fauteuils Louis-Philippe, où l'on croit encore apercevoir les ombres de nos grands-pères, discutant liberté et tolérance. Dans ce coin poussiéreux, la génération nouvelle ne peut plus respirer. Il lui faut l'air, le soleil, la vie. De la fausse liberté, elle n'a cure, et à la tolérance, elle préfère, comme Mussolini, « une intransigeance rigide et religieuse ». Egarés par les principes funestes du libéralisme quarante-huitard, les uns cherchent leur idéal à gauche et ne se rendent pas compte qu'ils continuent ainsi à être les fils de leurs pères. D'autres, mieux inspirés et plus audacieux, ont rompu résolument avec le passé. Ils ont culbuté les fantoches qui s'accrochaient encore désespérément au pouvoir, mais qui n'avaient plus de bases réelles dans les masses.

En effet, à la veille de la Marche sur Rome, la Chambre comptait cent et six députés populaires, cent soixante et un socialistes et communistes, trente et un fascistes et toute une série de petites fractions : *detriti dei vecchi partiti*, groupes formés autour de quelques personnalités considérables. Il y avait un groupe autour de M. Giolitti, un autre autour de M. Nitti, un troisième autour de M. Salandra, il y avait le groupe Casertano-Labriola et le groupe De Nava, il y avait des agrairiens, des nationalistes et, comme si cela ne suffisait pas encore, il y avait un groupe mixte.

Les représentants de tous ces groupes minuscules, que défendaient-ils au Parlement? Comme dans la plupart des pays, ils employaient le meilleur de leurs forces à des manœuvres de couloirs, afin de se maintenir au pouvoir, ou d'y arriver à la première occasion. Et tout cela sous le couvert de défendre la démocratie parlementaire archi-usée. La conception libérale de la démocratie était d'ailleurs théoriquement assez sympathique. Elle était très simple et très nette : le peuple, sans aucune restriction, des plus humbles aux plus puissants, sans aucune distinction de rang ou de catégorie, devait choisir ses représentants. Ceux-ci étaient institués comme les exécuteurs suprêmes de la volonté du peuple, du Peuple Souverain! Le suffrage universel devenait ainsi un dogme sacré, auquel personne n'osait plus toucher. Mais, dès que le chemin qui y menait avait été parcouru, et que les doctrines avaient passé de la théorie à la pratique, les défauts du système libéral sautaient aux yeux de tous ceux qui voulaient se donner la peine de réfléchir. Le Peuple Souverain est composé, en grande partie, de médiocrités, qui nomment ceux qui flattent leurs instincts, ou dont ils attendent quelque profit. Bon à être gouverné, il est incapable de choisir ses gouvernants. Les élus « quand » ils ne sont pas des affairistes, opérant pour » eux-mêmes, ignorent à peu près tout des rouages » compliqués de la société moderne, et ne mettent » au service de la cause populaire que des formules » creuses et une phraséologie d'avocats. ». [1]

---

[1] La définition est de M. Vandervelde, socialiste, ministre des affaires étrangères de Belgique.

Avec la déchéance de la démocratie parlementaire, le libéralisme voyait arriver son propre effondrement. MM. Giolitti, Nitti et Salandra, par leurs tours de passe-passe, avaient réussi à rester pendant longtemps au pouvoir. Mais le bâtiment gouvernemental craquait de tous côtés. Lorsque les libéraux de toutes nuances se réunirent, le 10 octobre 1922, à Bologne, il leur fut impossible d'élaborer un programme commun. Ils protestaient, ils proclamaient, ils promettaient... mais ils étaient incapables de découvrir une grande idée généreuse, apte à réunir tous ces groupes disparates... C'était la fin. L'Etat libéral qui, depuis 1870, avait dirigé les destinées de l'Italie, n'existait plus. Mussolini l'a magistralement comparé à un masque derrière lequel il n'y avait plus aucun visage et à un échafaudage derrière lequel il n'y avait plus aucun édifice.

Le libéralisme était désormais impuissant à se défendre. Les méthodes incertaines de sa vieille doctrine avaient dégénéré en licence, au grand dam de l'ordre national et de la moralité publique. Le système, édifié sur les bases de la libre-pensée, ne trouvait plus d'adhérents. Les idées, révolutionnairement individualistes, du libéralisme, sa démocratie démagogique étaient devenues un danger continuel pour la patrie. C'est alors que la jeune Italie s'est dressée dans un élan irrésistible et qu'elle a renversé les vieux augures et les codes périmés, qu'elle a interrompu tout bavardage inutile et inopportun. Et elle a fait davantage, car elle a orienté ensuite l'espérance italienne vers de nouveaux horizons. Une politique épuisée a été remplacée par une politique vigoureuse et enthousiaste. L'Etat qui s'en allait à la dérive a trouvé une base solide et forte.

Les libéraux, étonnés et scandalisés, regardaient. Ils parlaient beaucoup, mais ne faisaient rien. Ils observaient que les conceptions libérales condamnent les méthodes violentes et que les luttes politiques doivent se limiter aux mots et doivent être confinées sur le terrain purement spirituel. Ils acceptaient cependant quelques portefeuilles et se flattaient même un instant de pouvoir recueillir, à bref échéance, l'héritage fasciste. Mais Mussolini

les détrompait dès la première séance de la Chambre.
« Que nos adversaires d'hier, d'aujourd'hui et de
» demain, disait-il, ne se fassent pas illusion sur la
» brièveté de notre passage au pouvoir. L'illusion
» d'aujourd'hui serait aussi puérile, aussi insensée,
» que celle d'hier. Notre Gouvernement a des bases
» formidables dans la conscience de la Nation et il
» est soutenu par la meilleure et la plus juvénile
» génération de l'Italie ».

Mussolini s'adressait à tous, sans exception de
parti ou de clan. Il appelait tous les Italiens à
l'œuvre de la régénération de la patrie. Il annon-
çait, au Sénat, qu'il entrevoyait déjà cette Italie
régénérée, « une Italie gonflée de vie qui se donne
» à soi-même une direction sereine et limpide; une
» Italie qui ne vivra pas, comme un parasite,
» de ses rentes sur le passé, mais qui entend édifier
» sa fortune par ses propres forces, par son travail,
» par ses revers et par son martyre. »

Dans cette Italie nouvelle, le libéralisme, sans
base dans les masses, déjà à bout de forces depuis

de longues années, n'était plus viable. Il avait
fini son existence peu sympathique avec l'avènement du fascisme. En arrivant au pouvoir, Mussolini n'avait donc plus à combattre le parti libéral
comme tel. Mais l'esprit libéral, libre-penseur et
athée s'était réfugié dans l'enclos, bien gardé, des
loges maçonniques et continuait à faire des ra-
vages aussi longtemps que la maçonnerie conser-
vait sa place prépondérante dans la vie officielle.
Elle avait, en effet, glissé des créatures dans toutes
les branches de l'administration de l'Etat. Les chefs
du Grand-Orient multipliaient leurs prévenances
envers le fascisme, ils publièrent même un mani-
feste, saluant les vainqueurs, après la Marche sur
Rome. Mussolini ne s'y laissa pas prendre. Sa politique visait l'assainissement de la vie nationale
et il se rendit compte que la lutte contre la franc-
maçonnerie était indispensable, s'il voulait purger
la conscience du peuple italien des germes dange-
reux d'un empoissonnement spirituel, qui avait
mené à la ruine le vieil Etat libéral. Toutes les
démarches maçonniques avaient donc été faites
en pure perte, car elles n'avaient pas empêché

Mussolini d'interdire aux fascistes de faire partie des loges maçonniques.

Les membres du Grand-Orient, en Italie, n'ont pas dû en croire leurs oreilles, lorsqu'ils apprirent la décision mussolinienne. Ils avaient cru pouvoir circonvenir le *duce* en lui faisant entrevoir leur soutien et même leur coopération, s'il voulait leur abandonner une part dans la nouvelle Italie fasciste. Mais Mussolini n'a pas craint d'augmenter le nombre de ses ennemis en déclarant, sans une possibilité d'équivoque, la guerre à la franc-maçonnerie. C'était la première fois qu'un gouvernement italien avait osé attaquer la maçonnerie qui, jusque-là toute-puissante, se faisait passer pour un des premiers et des plus importants artisans de l'unité italienne.

Enfin, par la loi du 29 novembre 1925, l'existence des loges maçonniques a été rendue impossible en Italie. Cette loi oblige en effet les associations, institutions et instituts de communiquer aux autorités leur acte de constitution, leurs statuts, leur réglement intérieur, la liste nominative de leurs charges sociales et de leurs sociétaires, ainsi que toutes autres informations touchant leur organisation et leur activité.

Mussolini a ainsi évité le piège que la franc-maçonnerie lui tendait, comme il en a évité tant d'autres. Il se rendit compte que la maçonnerie désire la liberté politique qui mène à l'anarchie; qu'elle désire la liberté de propagande anti-religieuse. Il reconnaissait dans la mentalité maçonnique de libres-penseurs voltairiens un héritage de la révolution du XVIIIᵉ siècle, et il n'a donc pas interrompu un instant sa lutte contre la franc-maçonnerie, dernier rempart du libéralisme agonisant.

Le fascisme, les socialistes et le « Dopolavoro ».

Le socialisme avait su se tailler en Italie une situation de tout premier plan. Par une propagande toujours plus entreprenante et une organisation toujours plus adroitement combinée et plus efficace, il avait rallié à son programme un grand nombre d'Italiens. Ses origines allemandes et sémitiques ne l'avaient pas empêché de faire de grandes conquêtes en territoire latin. Ses promesses palingénésiques lui avaient valu la sympathie des masses qui se laissèrent facilement éblouir par la promesse de temps meilleurs, de bonheur terrestre, de prospérité et de pouvoir. Et ceci d'autant plus que l'après-guerre avait réservé à l'Italie déception sur déception. Le peuple avait le sentiment d'avoir été frustré des fruits de la victoire. Il s'en prenait au gouvernement qui, d'une faiblesse extraordinaire, était trop caduc et trop usé pour opposer aux idéals factices des socialistes, un idéal et un objectif réalisables.

D'ailleurs que pouvait opposer au socialisme, le libéralisme, alors au pouvoir? Le libéralisme avait accordé la liberté la plus complète à tous les partis. En descendant de degré en degré vers l'abîme, il en était arrivé à tolérer l'organisation d'une conjuration contre lui-même et contre l'Etat qu'il avait créé jadis. Il avait ainsi admis et quelque fois favorisé la négation de la patrie et la préparation révolutionnaire. De ce côté-là, le socialisme n'avait plus rien à craindre.

Les populaires, qui avaient réuni sous leur drapeau un nombre très considérable de citoyens, étaient les seuls qui auraient pu entamer la lutte. Malheureusement, ils le firent en théorie, mais la pratique les poussa toujours plus à gauche, comme nous l'avons vu.

Le socialisme, semeur de la lutte et de la haine

des classes, était en mesure d'exercer la plus grande influence sur les destinées de l'Italie. Cette influence ne pouvait être que néfaste. Foncièrement hostile à la religion et à la propriété, il ne rêve que d'un bouleversement complet de toutes les bases de notre état social. La guerre et l'après-guerre l'avaient considérablement fortifié. Le nombre des membres actifs du parti socialiste passa de 42,000 en 1914 à plus de 100,000 en 1919; celui des membres de la Confédération générale du travail de 300,000 à 1,200,000.

Le socialisme allait donc être vainqueur, si l'un des siens ne s'était rendu compte du tort énorme que sa patrie subirait par une victoire des idées socialistes et s'il n'avait pas réveillé la conscience de son peuple. On a souvent reproché à Mussolini d'avoir sacrifié les intérêts des ouvriers, mais rien n'est moins vrai. Le chef du fascisme est toujours resté fidèle à son idéal. Il a changé d'avis sur les moyens d'application, pas sur le but à atteindre, lorsqu'il se rendit compte que le socialisme n'est capable de procurer le bonheur ni à un peuple, ni à une classe. Son œuvre principale, la loi sur le syndicalisme, sera traitée dans un chapitre à part et prouvera abondamment le très grand intérêt que le fascisme porte aux questions ouvrières.

Aux rêves de domination d'une classe de la société le fascisme oppose l'idéal d'une nation forte par le travail, commun à toutes les classes de la société. Il conçoit en effet le travail comme une fonction organique de la société. Au lieu de la lutte des classes dans un pays et de la solidarité internationale des partis ouvriers, le fascisme veut établir la solidarité des classes à l'intérieur du pays même. Il veut instituer une fusion obligatoire des partis au profit du travail. Mais ses visées ne s'arrêtent pas là. Non seulement il veut subordonner l'intérêt d'une classe à l'intérêt de tous, mais il veut aussi subordonner le tout à l'intérêt national. A l'internationalisme rouge, il oppose un nationalisme de bon aloi.

Son heure était venue lorsque la coalition rouge

exigea du gouvernement de mettre un terme à son
activité et lorsque les rouges décrétèrent la grève
générale dans toute l'Italie. Arrogants, aussi longtemps qu'ils se croyaient les maîtres, les socialistes
et les communistes devinrent bien vite prudents
et circonspects, lorsqu'ils se virent en face de
quelques *camicie nere*, qui passaient très facilement
des paroles aux actes!

La victoire matérielle sur les rouges était l'affaire
de quelques semaines. Il restait une tâche autrement difficile : l'application des idées conçues, la
création d'une nouvelle organisation de l'Etat
moderne.

Les quatre années qui se sont écoulées depuis la
Marche sur Rome ont amené des résultats que
même les amis les plus sincères du fascisme étaient
loin de prévoir. Nous avons déjà parlé de la série
remarquable des mesures d'ordre religieux et mo-
ral. Le syndicalisme sera traité dans un autre chapitre. Ce sera aussi le cas pour les résultats économiques. Bornons-nous donc à constater que l'en-

semble des résultats du fascisme commence à impressionner même les adversaires du régime, à tel point que, tout récemment encore, un ex-député maximaliste, M. Romeo Campanini, a adressé une lettre à Mussolini dans laquelle il relève les instructions données aux préfets « dictées par des » sentiments· si nobles et si humains, qu'elles » contraindront beaucoup de personnes à faire un » sérieux examen de conscience, comme l'a fait » l'auteur de cette lettre qui fut jusqu'ici votre » adversaire. Votre circulaire d'aujourd'hui inci- » tant les préfets à s'occuper davantage des in- » térêts du peuple, ainsi qu'un grand nombre » de dispositions d'ordre social, engageront cer- » tainement plusieurs personnes à changer d'avis » sur vos intentions envers le peuple travail- » leur. »

En effet, on doit être aveugle pour ne pas reconnaître l'intérêt très grand que le fascisme porte à la question ouvrière et au développement de la culture et du bien-être des classes populaires.

Un coup d'œil rapide sur l'*Opera Nazionale Dopolavoro* nous montrera une organisation en faveur de l'ouvrier comme aucune nation du monde n'en possède encore. Certes, elle a une grande ressemblance avec le *Welfare Work* des pays anglo-saxons et elle offre aussi des analogies avec le Y. M. C. A., la *Playground and Recreation Association of America*, le *Carnegie United Kingdom Trust*, la *Commission Centrale des Loisirs des Ouvriers du Hainaut* et avec un grand nombre d'autres associations qui s'occupent de l'instruction populaire et de l'éducation artistique, ou qui se vouent à l'hygiène populaire ou aux sports. Le *Dopolavoro* se distingue de toutes ces autres œuvres par le fait qu'il englobe tout ce qui peut être fait dans ce domaine grâce à une législation unificatrice qui lui permet d'organiser et d'assister des milliers de centres locaux et de sociétés disséminées dans le pays entier. Le fascisme désire surtout donner satisfaction aux exigences légitimes de la justice sociale, en admettant que, pour améliorer les conditions des ouvriers, il faut commencer par améliorer l'ambiance dans laquelle ils vivent, en

éliminant les causes qui assombrissent leur vie
et la rendent malheureuse, privée de joie et de
lumière.

Ceci ne suffit cependant pas encore aux aspirations fascistes. Le fascisme admet que chaque
amélioration du sort de l'ouvrier, aussi longtemps
qu'elle est purement matérielle, n'est qu'une
demi-amélioration. Le problème est aussi spirituel
qu'économique. L'œuvre du *Dopolavoro* est donc
autant la réalisation d'un idéal, qu'un mouvement pratique d'élèvement et d'éducation ouvrière.

Le gouvernement fasciste est parti de l'idée
que toutes les lois faites en faveur de l'ouvrier l'abandonnent au moment où il a terminé
sa tâche journalière. A ce moment il se trouve
à la merci des séductions et des tentations
des grandes villes. Pour lui venir en aide
et lui apprendre à bien utiliser ses heures
de loisir, l'œuvre du *Dopolavoro* a été insti-
tuée.

Comme c'est le cas dans plusieurs autres pays, l'œuvre institue des cours professionnels et autres pour donner à ses associés une culture générale dans tous les domaines de la science afin de leur permettre de s'intéresser à des manifestations d'ordre culturel, scientifique et esthétique qui, autrefois, n'étaient pas à leur portée. Ceci est doublement intéressant dans un pays comme l'Italie où l'on rencontre à chaque pas des trésors artistiques. L'œuvre propage donc la visite aux musées, aux galeries de tableaux, aux fouilles, aux monuments, etc., en accordant à tous ses membres l'entrée gratuite de toutes les collections et entreprises appartenant à l'Etat ou aux communes.

L'œuvre facilite aussi aux ouvriers les voyages et les excursions en leur accordant une réduction de 50 % sur les billets d'aller et retour de 3e classe et en organisant des excursions sous la direction de guides cultivés et instruits et en publiant une revue hebdomadaire : *Il Dopolavoro Escursionistico.*

Pour favoriser une récréation bienfaisante et pour remédier aux spectacles malsains l'œuvre accorde un escompte de 50 % sur les prix des théâtres et des cinémas adhérents à la Fédération Nationale des Spectacles.

On est allé encore plus loin en formant des sociétés d'art dramatique, qui malgré leur courte existence ont réalisé un grand succès. Cette partie de l'œuvre semble bien être le commencement d'une remarquable éclosion de l'art théâtral populaire dans toute la Péninsule. Les jeunes ouvriers et ouvrières s'y intéressent partout passionnément et occupent ainsi leurs loisirs plus agréablement et plus honnêtement qu'en discutant politique dans des débits d'alcool.

Le *Dopolavoro* s'intéresse de même beaucoup à l'éducation physique des ouvriers et favorise toutes les initiatives sportives. Il organise des groupements sportifs, des concours, des réunions, il propage la création de campements, de bassins de natation et de salles de gymnastique dans toute l'Italie.

D'autres buts du programme de l'œuvre sont l'enseignement de l'économie domestique, des soins hygiéniques et sanitaires dans les fabriques et les habitations, de la culture des jardins potagers et des jardins ouvriers, du perfectionnement de l'industrie rurale et domestique, etc.

Nous serions entraînés trop loin si nous voulions relever tout ce que l'œuvre a créé dans cet ordre d'idées. Remarquons cependant encore que tous ses membres sont assurés gratuitement contre les accidents en dehors des heures de travail et pendant les manifestations de tout genre, organisées par l'œuvre.

Le développement de l'œuvre, pendant les quinze mois de son existence, est extraordinaire. Le 31 mars 1927, elle contrôlait 1955 associations avec 330,119 adhérents. Une petite statistique comparant les associations contrôlées à la fin de 1926 et au 31 mars 1927, prouve qu'elle est en pleine croissance :

Associations	31 déc. 1926	31 mars 1927
d'art dramatique	113	182
de musique	107	110
de chant	28	46
d'instruction générale	87	136
sportives	467	531
récréatives	505	631
d'assistance coopérative	80	92
des administrations industrielles .	100	181
des services publics	10	46
Total . .	1497	1955

Dans ces chiffres ne sont pas compris les associations des employés des chemins de fer, comptant au 31 mars 148,000 adhérents et celles des employés des P. T. T., créées en juillet 1926.

Cet aperçu fort bref [1] fait comprendre comment

---

[1] A tous qui s'intéressent aux œuvres sociales et à l'assistance ouvrière, je recommande la lecture des publications de l'*Opera Nazionale Dopolavoro* :
a) *Bolletino Ufficiale*;
b) *Il Dopolavoro*;
c) *Il Dopolavoro Filodrammatico*;
d) *Il Dopolavoro Escursionistico.*

il se fait que la presque totalité des ouvriers soit
devenue fasciste ou philofasciste. Le peuple a compris qu'à la tête du gouvernement se trouve un
des leurs, qui n'a pas oublié ses promesses d'autrefois. Le peuple a compris aussi que ce chef réalise
ses promesses d'une façon qui profite au pays
entier. Et le peuple a confiance, pleine confiance,
il suit son Duce aveuglément et il entoure son
« dictateur » d'un amour candide et d'une vénération frappante. Gare à celui qui le touche!

Le fascisme et l'internationalisme.

Depuis la guerre, avec ses suites funestes qui ont dépassé l'imagination la plus pessimiste, on a vu naître quantité d'associations qui ont pour but d'empêcher à l'avenir des cataclismes nouveaux. Ces associations groupent autour d'elles un nombre considérable de personnes dont les intentions généreuses ne peuvent être mises en doute et qui veillent anxieusement sur les mouvements d'esprit capables d'entraver le travail difficile et laborieux qui devra mener à la paix universelle et durable. Plusieurs d'entre elles expriment l'hésitation qu'elles éprouvent devant le fascisme. Son esprit nationaliste leur apparaît comme un perpétuel danger pour la paix. On rencontre cette objection dans les milieux internationaux les plus divers et nombreux sont ceux qui se figurent qu'il est impossible de travailler à l'union des peuples et d'apprécier en même temps le fascisme.

Leur incompatibilité serait facile à prouver : Les internationalistes, les promoteurs des ligues pour la paix rêvent d'une Europe pacifiée, d'où les guerres seraient bannies et dont les habitants penseraient *européennement*, si j'ose forger cet adjectif. Les fascistes, nationalistes à outrance, prêchent la grandeur future de l'Italie, ils réclament des colonies, ils osent même parler d'un empire! Peut-on s'imaginer un plus grand danger pour la paix?

La question à résoudre n'est pas aussi simple que les protagonistes de cette paix européenne veulent bien l'insinuer. L'amour de la patrie, la volonté bien arrêté de lui procurer les ressources nécessaires à sa subsistance et les débouchés auxquels son développement démographique lui donne un droit absolu, sont-ils réellement en opposition avec la volonté très ferme de procurer la paix à l'Europe? Je veux même aller plus loin. L'amour bien discipliné de la patrie n'est-il pas une garantie de paix internationale bien plus sérieuse que toutes les idéologies humanitaires dont un internationalisme à rebours marque le point culminant?

Qu'est-ce, en effet, que l'internationalisme? Les dictionnaires nous disent qu'international est ce qui se passe entre nations. Le vrai internationalisme a donc pour tâche d'améliorer les rapports entre les nations. Il doit aplanir les obstacles en faisant comprendre la mentalité, les traditions d'un peuple aux habitants d'une autre région. Il doit établir une coopération intellectuelle qui fera profiter toutes les nations des progrès intellectuels de l'une d'entre elles et qui répandra les richesses spirituelles et morales de chaque tradition et de chaque patrie. Il doit être « un élan vers un règlement toujours plus noble des rapports entre les nations et les Etats [1] ». Nous sommes donc bien loin de cette autre conception de l'internationalisme qui a complètement faussé le sens étymologique de ce mot

---

[1] M. Giovanni Selvi, dans la *Gerarchia*, 1926, p. 241.

et qui prétend lui donner la signification d'une
alliance internationale de certaines classes sociales
aux dépens de l'idée de patrie.

Cet internationalisme a rebours prêche la paix
et le désarmement... des Etats, mais il arme les
masses. Il est antimilitariste, mais il donne à la jeunesse socialiste et communiste une formation toute
militaire. Il entrave le travail de développement
colonial en dressant l'Orient contre l'Occident.
Il fait des efforts désespérés pour substituer la
solidarité de classe à la solidarité nationale, car
il se rend très bien compte que le peuple qui a perdu
son idéologie nationaliste, lui sera une proie facile.
Il prêche une paix fausse et un désarmement des
forces auxquelles ses tendances destructives pour-
raient se heurter un jour. Il insinue donc que ceux
qui veulent la paix se désarment, comme s'il
suffisait de désarmer pour établir une paix durable.

Ne parlons donc que de l'internationalisme qui
mérite vraiment d'être appelé ainsi. Ce n'est pas
celui du chambardement et des hordes moscovites,

mais celui de l'ordre et du progrès. Cet ordre et ce progrès internationaux ne peuvent être acquis en s'appuyant sur les principes de 1789, car l'individualisme stimule les appétits, il est égoïste, il ignore le sacrifice. Pour atteindre à cet ordre international, il faut des principes diamétralement opposés à ceux-là. Dans le domaine politique, le fascisme seul nous les offre actuellement. Lui seulement, comme l'a dit Mussolini « forme une antithèse nette, catégorique, définitive avec le monde de la démocratie, de la ploutocratie, de la franc-maçonnerie et des principes soi-disant immortels de 1789 » [1]). Ces principes ont déchristianisé l'Europe pendant plus d'un siècle. Ils tendent maintenant à lui imposer leur faux internationalisme. Seule, une réchristianisation anti-démo- et anti-ploutocratique pourra servir de base à la construction internationale qui aura pour tâche de défendre notre civilisation.

Cette armature internationale, ou mieux supra-

---

[1]) Paroles prononcées par Mussolini après l'attentat de Miss Gibson.

nationale, ne peut être solide que si elle est construite selon les règles qui régissent la vie de la famille, de la nation, du monde. Ces règles ont été méconnues par les hommes de la Révolution française. Le fascisme, au contraire, les a prises comme point de départ. Il pose sa base dans la famille, dont font partie les aïeux et la progéniture. Au-dessus du droit de l'individu, il place son devoir. Pour lui « la vie de la société surpasse de beaucoup celle des individus et se prolonge à travers les générations, car les individus naissent, croissent, meurent, sont remplacés par d'autres; l'unité sociale, à travers le temps, restera toujours identiquement soimême ». [1] L'égoïsme naturel de l'individu doit par conséquent s'incliner devant l'intérêt commun et doit être remplacé par un esprit de sacrifice. Au-dessus des intérêts individuels, le fascisme place les intérêts de l'humanité, de la série ininterrompue des générations. Il demande la coopération de tous pour la régénération de la société au profit surtout des générations futures. Il donne à la jeu-

---

[1] Discours de M. Rocco, du 30 août 1925, à Pérouse.

nesse un idéal ardent de droiture, de justice et de gloire. En agissant ainsi, il a rendu à la civilisation un service que l'on ne saurait évaluer trop haut. Il chante la beauté de la *giovinezza*, mais, avant de célébrer sa *bellezza*, il lui a assigné un but à atteindre. Et cette jeunesse élevée par le fascisme, cette jeunesse disciplinée, formée à l'école de l'obéissance, du sacrifice et du devoir, sera bien autrement capable de collaborer à une coopération internationale que celle qui fut nourrie des idéologies individualistes, humanitaires et démocratiques d'il y a un quart de siècle. Ceux qui aiment d'abord et avant tout leur patrie et qui ont appris à subordonner tout à son avenir, seront les meilleurs artisans d'une vie internationale, où les droit de toutes les nations seront garantis. L'effacement des caractéristiques nationales mène à un avilissement général, l'épuration et l'élévation de ces caractéristiques apporteront à l'Europe entière une arme nouvelle dans la lutte contre la déchéance et le déclin.

Il est actuellement bien prouvé que le fascisme

a inauguré en Italie un mouvement de régénération politique, sociale et économique. Et ce mouvement, dû à l'instinct de conservation qui est inné chez les hommes et les sociétés, serait-il un danger pour la vie internationale ? Bien au contraire. L'exemple de l'Italie sera salutaire aux autres peuples. Ils apprendront de l'Italie comment on substitue une politique neuve et saine à une politique usée et épuisée. *Italia docet !*

Ceci ne veut pas dire que l'on pourrait introduire utilement le fascisme italien dans un autre pays. Mussolini, lui-même, a dit à plusieurs reprises que le fascisme est un produit essentiellement italien et inexportable. Vouloir convertir un homme du Nord à une conception qui ne s'accorde ni avec son tempérament, ni avec son histoire, ni avec ses goûts, serait une faute aussi grave que l'a été l'introduction du parlementarisme anglo-saxon dans les pays latins. Pour profiter de l'enseignement que le fascisme nous donne, il faut apprendre à le connaître mieux que par les faits divers des journaux. En l'approfondissant, on distinguera l'élément exclusivement italien du fond transcendantal d'importance mondiale; après avoir dépouillé sa pensée animatrice de ses méthodes nationales d'application, on découvrira le terrain où l'internationalisme et le fascisme se rencontrent, et où leurs intérêts se confondent.

Le syndicalisme fasciste.

M. Cabiati prédisait, il y a quelques années, dans la *Stampa* de Turin que le syndicalisme fasciste ne tarderait pas à se développer sur le terrain de la lutte des classes. Les évènements ont démontré que M. Cabiati était mauvais prophète. Le syndicalisme qui, dans les pays latins, n'était qu'un instrument politique et qui ne s'occupait que des intérêts matériels des ouvriers, n'existe plus en Italie. Le syndicalisme fasciste l'a remplacé. Celui-ci vise, avant tout, la paix sociale et une collaboration étroite de toutes les classes intéressées à la production. Il réserve à l'organisation ouvrière des droits qu'elle n'a jamais eus pendant l'ère socialiste et qui ne porteront aucune atteinte à ceux des patrons. Le syndicalisme fasciste se révèlera une régénération de l'organisation du travail, comme le fascisme s'est révélé une régénération de l'Etat.

Pour bien nous rendre compte jusqu'à quel point cette régénération était nécessaire, il est utile de faire quelques pas en arrière et de considérer comment la « question ouvrière » est née et par suite de quelles circonstances on en était arrivé à une situation qui menaçait de bouléverser les bases de l'Etat lui-même. Nous le ferons en nous inspirant du rapport ministériel présenté au Parlement italien lors de la discussion de la loi sur les syndicats. Ce rapport, beaucoup trop considérable pour être reproduit ici, mérite d'être lu attentivement par tous ceux qui désirent se former une opinion de la merveilleuse législation syndicale fasciste.

Le problème de la main-d'œuvre est relativement jeune. Au moyen-âge il ne se posait pas. L'entrepreneur et l'ouvrier étaient généralement réunis dans la même personne. Le propriétaire de l'atelier ou de l'usine y travaillait lui-même, organisait la production et l'exécutait en même temps, seul

ou entouré de quelques aides qui étaient ses colla-
borateurs et ses disciples. L'ouvrier était un artisan, souvent même un artiste; aussi le travail
n'était-il pas seulement un moyen de subsistance
mais un plaisir. Ceci changea quand apparut ce que
nous appelons la grande industrie, conséquence
de la substitution des machines au travail humain.
L'industrie domestique périclitait. Les ateliers
et les petites fabriques, où l'ouvrier était à la fois
patron et artiste, se fermaient. Une nouvelle
mentalité naissait : celle de l'entrepreneur et du
capitaliste, se détachant nettement de celle du
travailleur.

Et dans quelles conditions, différentes de celles
des artisans des siècles passés, se trouvaient alors
les nouveaux ouvriers de la grande industrie?
L'introduction des machines rendit mécanique et
monotone leur travail et leur en fit perdre le goût.
Il n'offrit plus aucun intérêt et ne fut pour eux
que le moyen de subsistance matérielle. La rémunération devenait ainsi le but unique du travail.
Et cette rémunération tendait plutôt à diminuer

qu'à augmenter. En face de la foule anonyme et ignorante des ouvriers se dressait l'industriel intelligent qui ne rendait compte de ses actes qu'à ses actionnaires. Il y eut ainsi une phase de véritable oppression patronale. Les ouvriers furent considérés comme des bêtes de somme, que l'on payait le moins possible. Et ils se trouvèrent sans défense grâce à... la Révolution française, qui avait aboli les corporations.

Devant l'exaltation socialiste de la Révolution française, il est utile de rappeler qu'elle passa le gouvernement de l'Etat aux mains de la bourgeoisie. Pour la bourgeoisie les corporations étaient gênantes, car elles l'empêchaient de prendre la direction de la production et de dominer d'une manière absolue les classes ouvrières.

La bourgeoisie française, triomphant par la révolution, ne se contenta donc pas de proclamer, dans la nuit du 4 août 1789, la fin des corporations. Elle voulut renforcer cette abolition par une interdiction perpétuelle de les reconstituer, et par la loi du 14 août 1791 elle interdit toutes les associations où les ouvriers et les patrons se réunissaient pour la défense de leurs intérêts.

Selon les principes de la Révolution française, l'Etat prêtait donc main-forte aux patrons, en empêchant les ouvriers d'établir entre eux une solidarité pouvant leur permettre de résister à la domination de leurs maîtres. Par la suite, l'interdiction fut levée. L'Etat adopta ensuite une attitude de neutralité conforme aux principes du libéralisme qui le guidait en tout. Mais en se plaçant, lui, neutre, entre les forts et les faibles, il favorisait les premiers aux dépens des seconds. La révolte devait en découler fatalement.

Et elle ne tarda pas. Le système politique du libéralisme qui, tout en se désintéressant des conditions de la foule ouvrière, laissait pleine liberté d'organiser la rébellion, devait aboutir fatalement à la lutte des classes. Le socialisme ne fut point autre chose que son organisation. Tout l'appareil doctrinaire et philosophique qui précéda et accompagna le socialisme ne fut qu'un accessoire. La substance du mouvement resta l'organisation de la défense des classes ouvrières par elles-mêmes, « l'auto-défense » de classe.

Bien vite, les organisations ouvrières devinrent puissantes. Elles dominèrent souvent l'Etat lui-même et les patrons durent à plusieurs reprises capituler devant leurs exigences. Ils s'efforcèrent donc de se défendre en s'organisant à leur tour. La lutte n'en devenait que plus âpre et dégénérait en une guerre quasi permanente.

Les grandes organisations ouvrières s'arrogèrent le rôle d'arbitres de la vie nationale. Elles consti-tuèrent des Etats dans l'Etat, disposant des services publics selon leurs caprices bien plus que selon leur volonté. On vit ainsi, en Italie, la Confédération générale du travail, les syndicats socialistes des cheminots, des gens de mer et des employés des postes et télégraphes suspendre la vie, le trafic ou les communications du pays et décider de la politique étrangère de la nation, de la paix et de la guerre. Les services publics essentiels furent à la merci des organisateurs socialistes. Toute la vie sociale menaçait de se désagréger, lorsque le fascisme intervint.

Dès son apparition il affronta résolument le problème du travail et reconnut que l'organisation des groupes et des catégories est une nécessité inéluctable de la vie moderne. Mais il comprit en même temps que le problème de l'organisation des groupes sociaux, c'est-à-dire du syndicalisme, n'était pas du tout nécessairement lié au mouvement tendant à détruire l'organisation prévue de la production et à la remplacer par son organisation en commun. Il vit qu'il fallait isoler le mouvement syndicaliste du socialisme, car ce dernier avait compliqué le syndicalisme en y mêlant toutes les idéologies antinationales, internationales, pacifistes, humanitaires, tous les concepts de rébellion caractérisant sa doctrine politique et qui n'avaient absolument rien à faire avec l'organisation syndicale. Le fascisme créa un syndicalisme national, inspiré tout entier du sentiment de la patrie et de la solidarité nationale.

On lui reproche d'avoir supprimé l'unique dé-fense de la classe ouvrière, en défendant et en empêchant les grèves. C'est une erreur, car, dit le Ministre Rocco, l'auteur de la loi syndicale, « supprimer l'auto-défense des classes, ne veut » pas dire supprimer la défense des classes qui est » une exigence majeure de la vie économique mo-» derne. L'organisation des classes est donc né-» cessaire et ne peut pas être ignorée de l'Etat, qui » a, au contraire, la tâche de discipliner, de con-» trôler et d'encadrer cette organisation. D'organes » de défense extra-légale, d'auto-défense, comme » elles l'étaient jusqu'à maintenant, elles devien-» dront organes de défense légale. »

L'accord du 2 octobre 1925 entre la Confédération de l'industrie et celle des corporations fascistes, par lequel les deux organisations se reconnaissent réciproquement comme les seules mandataires légitimes des patrons et des travailleurs de l'in-

dustrie, a été le premier pas sur la route qui a mené
à la transformation la plus profonde que l'Etat
ait jamais subie depuis la Révolution française.

L'Etat fasciste a, en effet, tranché la question
des rapports entre le capital et la main-d'œuvre
de façon à assurer la paix entre les groupes sociaux.
L'auto-défense des classes ouvrières, devenue nécessaire par les lois de la Révolution française, a été
rendue superflue par les lois fascistes. Le fascisme
a obtenu ce résultat en formant des syndicats
de patrons et de travailleurs, légalement reconnus
et placés sous le contrôle effectif de l'Etat. Les
contrats collectifs stipulés par ces syndicats, s'éten-
dent à tous les patrons et à tous les travailleurs.
Leur efficacité juridique est garantie par l'Etat.

Reconnaissance légale des syndicats sous le plus
strict contrôle de l'Etat; efficacité des contrats
collectifs; tribunal du travail exerçant sa juridiction sur les conflits collectifs; interdiction de l'auto-
défense de classe et sanctions pénales en cas de
violation : tels sont les quatre points fondamentaux

de la nouvelle organisation du travail créée en Italie. Aucune autre législation ne possède jusqu'ici un système aussi parfait et aussi organique.

Le gouvernement fasciste veut que le travail soit la base de la société et que ce travail profite aux classes ouvrières autant qu'aux industriels. La paix sociale qui en résulte amènera la prospérité des affaires privées, qui, à son tour, créera le bien-être et la richesse publiques. Même les adversaires d'hier commencent à se rendre compte des avantages énormes qui découlent pour les ouvriers de cette application de justice à toutes les classes de la société. Il y a quelques mois, le groupe organisateur de la Confédération générale ouvrière du travail, ayant à sa tête M. d'Aragona, l'ancien chef du parti socialiste, a décidé de se rallier au fascisme. Il constata qu'il serait en contradiction avec lui-même s'il restait dans l'opposition contre l'Etat corporatif et contre la charte du travail que le régime fasciste entend réaliser.

Ces anciens socialistes italiens ont donné ainsi

la meilleure réponse aux déclamations des socialistes et des communistes dans le monde entier,
lorsque ceux-ci appellent « fasciste » chaque mouvement plus ou moins réactionnaire. La vraie raison
de leur terreur du fascisme c'est que, loin d'être
une réaction contre les revendications ouvrières,
il marque un progrès sérieux sur le socialisme.
Dès qu'il est compris des ouvriers, le fascisme
exerce sur eux un attrait irrésistible. L'exemple
de l'Italie le prouve.

* * *

Au moment de la mise sous presse, la Charte
du travail vient d'être promulguée. Je me bornerai
à renvoyer le lecteur au texte, muni de commentaires
très judicieux de la main de M. Giuseppe Bottai,
sous-secrétaire d'Etat aux corporations, et à la
note parue dans l'*Osservatore romano*, où l'on peut
lire entre autres :

« Le travail conçu comme un devoir pour tous et
» soutenu comme tel par l'aide de l'Etat; l'inter-

» vention de ce dernier dans le champ économique
» afin de pacifier et de faire collaborer les classes,
» d'établir la justice sur le principe de l'unité
» de la production et de l'égalité entre l'un et l'autre
» élément de la production elle-même; la discipline
» de discussion destinée à empêcher des conflits
» fatals non seulement à la vie économique mais à
» la vie politique nationale; les valeurs spirituelles
» et morales considérées au-dessus des intérêts
» particuliers dans lesquels, jusqu'à maintenant,
» se cantonnait le matérialisme le plus cynique et
» le plus vulgaire; enfin la conception corporative
» de l'Etat : ce sont là autant de principes dont
» certains s'harmonisent avec les préceptes divins
» eux-mêmes et dont d'autres font partie du patri-
» moine idéal de la doctrine sociale chrétienne.
» Celle-ci, effectivement, à la lumière de l'ency-
» clique *Rerum novarum*, proclamait la souveraine
» loi du devoir chrétien qui devait se traduire
» dans les questions économiques...

» Ces affinités indiscutables d'idées et d'inten-
» tions qui tendent à des buts communs et s'offrent
» à des possibilités d'entente toujours plus grandes

» font que la « charte du travail » doit être accueillie
» avec une juste reconnaissance de sa valeur sociale
» et politique, des intentions pacificatrices dont
» elle s'inspire, du côté pratique des moyens par
» lesquels on se propose de la mettre en œuvre. »

Résultats économiques.

La crise économique qui s'est abattue sur l'Europe à la suite de la guerre est loin d'être vaincue. Le sort d'un pays peut dépendre actuellement des résultats de sa politique financière et économique. Très grand est donc l'intérêt que l'on porte aux résultats matériels du système fasciste. Pour les non-initiés, il est cependant assez difficile d'avoir une impression générale qui englobe tout. J'ai tâché de réunir et de grouper quelques chiffres qui, sans entrer dans trop de détails, donneront un aperçu des résultats obtenus jusqu'à l'heure présente. Ils démontrent d'une façon indiscutable la supériorité du système fasciste sur le terrain économique. Ils prouvent que l'Italie n'a pas seulement pu surmonter la crise spirituelle d'après-guerre, mais qu'elle surmonte aussi lentement, et sûrement, la crise économique. Et par déduction, ils prouvent aussi que l'accusation de corruption des classes dirigeantès du facisme, répandue par ses ennemis, porte à faux. L'assainissement des finances d'un pays est impossible là où règne un régime de faveur.

En arrivant au pouvoir le fascisme trouvait le trésor dans une situation extrêmement précaire. Le pouvoir central était réduit à l'impuissance, et le régime parlementaire amortissait, comme partout, toute tentative énergique d'assainissement. Le fascisme se trouvait ainsi devant un déficit énorme, une circulation fiduciaire élevée et une dette flottante très gênante et fort dangereuse, tandis que le rendement des impôts était totalement insuffisant par suite de l'évasion des capitaux, provoquée par un système démagogique de prélèvement. Comme résultat de cette situation, les recettes de l'Etat se chiffraient pour l'exercice 1921-1922 à 19,700 millions et les dépenses à 35,461 millions de lires, soit un déficit de 15,761 millions.

Vint le fascisme qui, dès son arrivée au pouvoir,

prit des mesures des plus énergiques pour comprimer
les dépenses, pour stimuler la production et pour
rendre l'exportation des capitaux sans objet, en
rapportant les funestes mesures fiscales du vieux
régime. Le résultat de son travail fut que pour l'exercice 1923-1924 les recettes se chiffraient à 20,581 millions et les dépenses à 20,999 millions, laissant
un déficit de 418 millions de lires, au lieu de plus de
quinze mille millions de lires deux ans auparavant.
L'année suivante on notait un surplus de 417 millions. Le bilan pour 1925-1926 justifie une recette
de 21,043 millions et une dépense de 18,775 millions, laissant un boni de 2,268 millions!

Malgré ces résultats brillants, la lire devait
subir un assaut qui, à un certain moment, devenait
inquiétant. Dans un discours devenu fameux, tenu
le 18 août à Pesaro, Mussolini fit comprendre que
l'Italie saurait s'opposer, par des mesures efficaces,
aux attaques injustifiées contre sa monnaie. « Ja-
» mais, dit-il, je n'infligerai au peuple italien,
» honnête et laborieux, la honte et la catastrophe
» de la faillite de la lire. » Et le cours de la lire, en

4

peu de temps s'est amélioré considérablement en esquissant une hausse de près de 80 % par rapport à son cours le plus bas.

La circulation fiduciaire par tête d'habitant a été ramenée par le gouvernement fasciste de 554 lires au 31 décembre 1921, à 498 lires à la fin de 1923 et à 487 lires au 31 décembre 1926.

Avant l'avènement au pouvoir du fascisme, l'administration des chemins de fer laissait un déficit de 1,260 millions, contre un surplus de 176 millions pour l'exercice 1924-1925 et un surplus de 378 millions pour l'exercice 1925-1926. L'organisation s'est améliorée en même temps, grâce au travail infatigable de M. Constanzo Ciano, ministre des communications. Tous ceux qui ont connu l'Italie d'autrefois, se rappelleront combien peu ponctuels étaient les trains et à quel point le service était désorganisé. Aujourd'hui, tout le système ferroviaire marche mieux; les trains, jadis d'une irrégularité proverbiale, partent et arrivent à l'heure. Ceci malgré une diminution très considérable du nombre des employés. En 1921 les chemins de fer avaient par million d'essieux kilomètres (le nombre des essieux des trains multiplié par le nombre des kilomètres parcourus) 64 employés, en 1926 il y en avait 32, soit une réduction de 50 %. Peut-on imaginer une meilleure preuve des résultats extraordinaires du système fasciste? Pendant mes voyages en Italie j'ai observé attentivement les employés et j'ai souvent causé avec eux ou avec des membres de la milice ferroviaire. Toujours et partout j'ai constaté qu'ils sont serviables et qu'ils font leur devoir d'une façon exemplaire. Ils se savent contrôlés sévèrement et se rendent compte que, par leur travail, ils contribuent à la prospérité et à la grandeur de leur patrie.

Les résultats de l'Administration des Postes et Télégraphes ne sont pas moins intéressants. L'exercice de 1921-1922 laissait une perte de 338 millions. Elle fut réduite l'année suivante à 184 millions, puis à 64 millions. L'exercice 1924-1925 donnait pour la première fois un surplus de 47 millions et celui de 1925-1926 un surplus de 65 millions, auquel il faut encore ajouter les surplus de 20 et de 32 millions de l'Administration des Téléphones, dont les résultats figuraient jusqu'à cette année sur le bilan des Postes et Télégraphes; les résultats totaux accusent donc pour l'exercice 1925-1926 un surplus de 117 millions.

Quittons maintenant le domaine des administrations et relevons encore quelques résultats d'un autre genre. La force électrique captée aux chutes d'eau a été plus que doublée depuis l'avènement du fascisme. Le prix du Kilowatt-heure-lumière calculé en centimes-or revient environ en France à 34 centimes, à Londres à 47 centimes et dans certaines villes de la Suisse même à 60 centimes. En Italie il revient à environ 25 centimes seulement. En 1925 la force hydro-électrique s'est accrue de 350,000 kilowatts. En trois années la consommation a triplé : de deux milliards et demi Kw. heures elle a passé à sept milliards.

Il est difficile de donner des chiffres sur le développement de l'industrie. Dans plusieurs domaines elle produit trois ou quatre fois plus qu'avant l'ère fasciste. La bonification du sol, par irrigation ou assèchement, la reconstruction de Messine, là construction de chemins de fer et de routes et d'autres travaux en faveur de l'Italie Méridionale, si longtemps négligée par les gouvernements de l'ancien régime, occupent en ce moment plusieurs dizaines de milliers d'ouvriers.

Le nombre des chômeurs est revenu de 541,775 en 1921 à 148,821 en novembre 1926. Ceci malgré une diminution considérable de l'émigration et une augmentation du cours de la lire.

L'on pourrait continuer à aligner des chiffres. Ceux que je viens de publier suffisent pour établir que le fascisme n'a pas seulement obtenu un grand succès dans l'orientation idéale de l'Italie, mais que le pays, sous sa direction, a fait de même des pas de géant dans le domaine économique.

La preuve est ainsi donnée qu'il ne sait pas seulement démolir, mais qu'il sait aussi reconstruire.

Dans le monde entier, ses principes mesureront bientôt leurs forces avec celles du bolchévisme. Et du résultat de cette lutte dépendra l'avenir de notre civilisation. Les deux systèmes ont fait leurs preuves. Chacun a été chez soi le maître absolu. L'un a eu déjà neuf ans pour le perfectionnement de son système, l'autre n'a disposé que de quatre ans. Pendant ces neuf années le bolchevisme s'est montré incapable de restaurer ce qu'il avait abattu. Il a semé la ruine, le malheur, la corruption partout où il a passé. Le bilan des quatre années fascistes a été exposé ci-dessus. Est-il étonnant que les résultats obtenus par les deux systèmes aient impressionné même les adversaires du régime?

La doctrine fasciste.

On prétend volontiers, même dans les milieux
philofascistes, que le fascisme n'a pas de doctrine.
On le considère un mouvement de réaction contre
des abus criants, un mouvement pratique qui a déjà
réalisé des résultats importants, mais on lui dénie
une doctrine, une idée fondamentale, une conception
philosophique de l'Etat. Le fascisme ne serait
pas l'application d'une doctrine, mais il en aurait
créé une. L'action aurait précédé la théorie. Une
doctrine n'aurait pas donné naissance au mouvement
fasciste, mais le mouvement fasciste aurait mis au
monde une doctrine. Ceux qui parlent ainsi « con-
» naissent le fascisme comme action et comme senti-
» ment, mais pas encore comme pensée; ils ont
» l'intuition du fascisme, mais ne le connaissent
» pas à fond ». [1]

---

[1] La définition est du Ministre Rocco. J'emprunte à son
discours de Pérouse une partie de cet exposé de la doctrine
fasciste.

Certes, Mussolini a dit un jour : « Nous sommes
» un mouvement, nous ne sommes pas un musée
» de dogmes et d'immortels principes », et il oppose
à ceux qui s'enferment dans un mot, comme des
fossiles de l'esprit « son programme plastique
et dynamique ». Il oppose ainsi à la lettre qui tue,
l'esprit qui vivifie. Le fascisme est tout le contraire
d'une lettre morte, d'une tradition momifiée;
il est une tradition qui vit, depuis des siècles,
dans la subconscience du peuple italien.

Le temps a manqué au fascisme d'écrire des livres
fort documentés et sagacement ordonnés, où ses
doctrines se trouveraient développées chapitre
par chapitre et paragraphe par paragraphe. Le
fascisme a eu un travail plus pressant à faire. Un
labeur qui demandait la tête et les bras de tous.
Mais sa doctrine existait néanmoins. Elle n'était pas
inscrite en lettres noires sur le papier immaculé
de livres sagement rangés dans les bibliothèques
des savants, mais elle était inscrite en lettres lumi-
neuses dans les cœurs que cachaient trois cent mille
chemises noires, appartenant à des Italiens qui,

même au Moyen Age, lorsque la multiplicité des souverainetés, rivales et ennemies, avait anéanti l'autorité de l'Etat, n'avaient pas perdu un souvenir vague, ou mieux encore une intuition, de la tradition unitaire de l'Empire romain et de la foi au Christ. Cette tradition s'était perpétuée entre autres par l'œuvre de Dante dans le livre de la *Monarchia* et par la conception universelle de la Papauté. La survivance, souvent inconsciente, de cette tradition lointaine chez un grand nombre d'Italiens leur a fait comprendre instinctivement, dès la première heure, la doctrine, pas encore formulée, du fascisme.

Cette doctrine définit la forme, le but et les droits du gouvernement de l'Etat.

Dans le second chapitre du premier livre de son *De regimine principum*, saint Thomas d'Aquin explique que, comme le devoir prescrit au capitaine d'un navire de le protéger contre les périls de la mer et de le conduire au port de salut, ainsi le devoir impose à un gouvernement de protéger

le peuple et de conserver son unité. Ceci ne peut
être obtenu si le gouvernement est divisé. Il faut
pour cela au moins une certaine unité et puisque
l'union entre plusieurs n'existe que par analogie
à ce qui est un en soi-même, il est évident que ce
qui est un en soi gouverne mieux. Comme toute
institution, le gouvernement d'un Etat doit être
autant que possible conforme à la nature. Or, dans
la nature, l'unité domine. Le cœur dans le corps,
la raison dans l'esprit, le roi (la reine) parmi les
abeilles, Dieu dans l'univers. L'expérience prouve
que les Etats gouvernés par plusieurs chefs périssent
dans les discordes, comme le prohète Jérémie le
dit, et que ceux qui ont un seul chef jouissent de la
paix, de la justice et de l'abondance.

Or, dans le système parlementaire italien, il
n'existait même pas « l'union par analogie à ce qui
est un en soi-même ». Comment cette union aurait-
elle pu être possible alors que le parlement créé par
par le Peuple Souverain à son image, reflétait
toutes les tendances d'un peuple dont l'unité ne
datait que d'un demi siècle. Certes, ce peuple se

rendait bien compte que l'époque de son démembrement était terminée, qu'il formait une nation. Mais ce sentiment seul ne suffisait pas. L'Italie était comme endormie, assoupie après le travail de son enfantement. Elle traversait une période d'immobilité et d'arrêt, pendant laquelle les partis politiques se dissolvaient en petits groupes, formés d'hommes d'Etat entourés de leur clientèle. L'ardent mysticisme qui avait préparé son indépendance avait cédé la place au matérialisme, terre à terre, de la doctrine maçonnique et socialiste.

Le gouvernement était l'opposé de ce que saint Thomas posait comme idéal. Au lieu de former une unité, il consistait en un assemblage d'individus qui professaient des opinions divergentes sur tous les problèmes. Au lieu de revendiquer les droits de la société envers les individus, un gouvernement pareil devait enregistrer les revendications des individus ou des classes contre la société. Au lieu de fortifier l'Etat et d'en « conserver l'unité», le parlementarisme faisait le contraire. C'était le cœur dominé par le corps, la raison sous la domination des autres facultés de l'esprit, Dieu auquel l'univers prétend imposer sa volonté.

Déjà le commencement du XXe siècle avait vu l'éclosion d'un mouvement nationaliste, dont les doctrines n'étaient nullement apparentées à celles du nationalisme français et allemand, beaucoup plus connues. C'était un nationalisme typiquement italien, dont Enrico Corradini, vraie âme d'apôtre, fut le prophète et le plus ardent des partisans. Parmi ses nombreux écrits, c'étaient surtout ses deux romans *La guerra lontana* et *La patria lontana* qui exercèrent une influence considérable sur la jeunesse, écœurée de la veulerie et du matérialisme des classes dirigeantes. Grâce à l'esprit admirablement lucide et pénétrant de Corradini elle entrevoyait un avenir où le matérialisme et l'anticléricalisme seraient remplacés par un idéal élevé et sublime.

Les nationalistes italiens n'ont jamais été nombreux, mais ils formaient un corps d'élite, capable d'exercer une influence salutaire chaque fois que le pays se trouvait en face d'une décision dont dépendait son avenir. Ils tracèrent, étape par étape, la route qui a mené l'Italie à la régénération complète. En préparant la guerre de Libye et l'intervention de l'Italie dans la guerre mondiale, en fortifiant la résistance, en luttant pour la victoire et, enfin, en défendant les fruits de la victoire, le petit groupe nationaliste a préparé le terrain sur lequel le fascisme devait éclore. Grâce à Corradini, à Federzoni, à Rocco, à Forges-Davanzati, à Gualtiero Castellini, à Francesco Coppola et à bien d'autres, une élite s'était formée qui travaillait au renouvellement de la nation. Malgré l'incompréhension presque générale, le nationalisme italien avait créé un élan de dévouement à la patrie qui s'est communiqué aux masses lorsque vint l'heure de la magnifique réalisation fasciste.

Le fascisme, dès qu'il s'est senti soutenu par les meilleurs éléments de l'Italie, a rompu brusquement avec un système qui ne faisait qu'empirer la situation. Il est revenu à la doctrine exposée par saint Thomas. Il a continué en apparence le régime parlementaire, mais il n'a attribué au parlement qu'un rôle d'enregistrement. Il a introduit à nouveau l'unité dans le gouvernement et a créé ainsi le moyen d'arriver au but prescrit par sa doctrine.

Selon la conception libérale et socialiste, l'Etat a le devoir de procurer le bien-être et le bonheur à chaque individu en particulier et spécialement à l'individu de la génération vivante.

Le fascisme, au contraire, considère les individus vivant à une certaine époque comme un anneau de la chaîne ininterrompue des générations passées, présentes et futures. Et, puisque les intérêts des individus en particulier, peuvent être en violent conflit avec ceux de l'espèce humaine, il est nécessaire que le gouvernement ne soit pas entravé dans son action par les exigences individualistes, mais qu'il possède l'autorité nécessaire à l'exécution de sa tâche, exécution qui peut quelquefois impliquer un sacrifice imposé aux individus vivant à un moment donné. Au-dessus des intérêts de ces individus, l'Etat doit placer les intérêts de l'humanité, de la série indéfinie des générations.

A l'encontre de la Révolution française qui a bâti la société politique sur l'individu, le fascisme pose sa base dans la famille, dont font partie les aïeux et la progéniture. Au-dessus du droit de l'individu il place son devoir. L'égoïsme naturel de l'individu doit s'incliner devant l'intérêt de la Nation et doit être remplacé par un esprit de sacrifice. L'égoïsme païen doit céder la place à la vertu chrétienne du renoncement. Le fascisme place la solidarité nationale au-dessus de la solidarité de classe, qui ne vise généralement que des avantages d'ordre matériel. Il demande la coopération de tous pour la régénération de la société au profit surtout des générations futures. Il ne parle pas d'un droit des individus et d'un devoir de l'Etat, mais il oppose à cette conception, prônée par le XIXe siècle, un droit de l'Etat et un devoir des individus. Et, lorsque l'Etat reconnaît des droits à l'individu, ce n'est que pour autant que ces droits sont en corrélation avec ceux de l'Etat. [1]

---

[1] Il est bien entendu que je parle ici uniquement des droits politiques des individus et non pas de leurs droits naturels que le fascisme ne veut diminuer ou attaquer d'aucune façon.

Cette conception est loin de désavantager les individus, car, dit le Ministre Rocco, en substituant à la formule libérale, démocratique et socialiste : la société pour l'individu, cette autre : l'individu pour la société, le fascisme établit cette différence « que, si la première doctrine annule la société » au profit de l'individu, la doctrine fasciste n'annule » pas l'individu au profit de la société. Il la subor- » donne, mais il ne l'annule pas, parce que le » progrès et la prospérité de l'individu de chaque » génération, si elles sont proportionnées et harmo- » niques, deviennent les conditions du progrès » et de la prospérité de toute l'unité sociale. La » société a donc intérêt à la prospérité de l'in- » dividu ! »

Le fascisme a clos l'époque de l'individualisme, de l'affaiblissement de l'Etat. Il veut un Etat fort, sans tomber cependant dans l'erreur socialiste d'un Etat-Providence, centralisateur et industriel, ni dans l'erreur païenne d'un Etat divinisé. Il ne veut pas empêcher l'activité individuelle, il la favorise au contraire. Il régularise pourtant cette activité, pour qu'elle ne profite pas seulement à un individu ou à une classe, mais pour que la communauté nationale en bénéficie. Le fascisme ne se confond donc ni avec les partis bourgeois ni avec les prolétariens. Il est au-dessus des partis, car il est national. Pour Mussolini, Italien et fasciste sont deux termes équivalents. Et, personnifiant la patrie, il exige de l'élite qu'elle ne passe pas son temps dans l'oisiveté, mais qu'elle apprenne à commander et à diriger; il exige du peuple qu'il apprenne l'obéissance, dont les régimes antérieurs l'avaient déshabitué.

Le fascisme rétablit ainsi la hiérarchie, l'autorité et la discipline. Tandis que, ailleurs, on tend à la jeunesse l'appât de la dépouille des riches et que l'on spécule sur ses instincts les plus bas, il lui enseigne l'énergie, la solidarité et le sacrifice. Et le peuple italien a accepté avec enthousiasme cette discipline fasciste, car il réunit en soi et la jeunesse d'un peuple nouveau et l'expérience d'une race ancienne.

Vivre ou sombrer.

Le 18 novembre 1925, dans un discours à la Chambre, Mussolini déclarait qu'il était impossible, à l'étranger, de copier le fascisme, parce que les conditions historiques, géographiques, économiques et morales n'y étaient pas les mêmes. Il ajoutait, cependant, qu'on ne pouvait pas lui nier quelques principes universels. En effet, la décadence du régime démocratique-parlementaire amène plusieurs pays à observer avec le plus grand intérêt « l'expérience italienne ».

L'Europe entière se demande avec anxiété ce que demain lui réservera. Le système parlementaire a eu son temps; rares sont les personnes qui ont encore gardé leur foi dans son efficacité. L'irreligion, la révolte des esprits ont semé partout leurs miasmes délétères. L'influence des bolchévistes se fait sentir partout. Et le bolchévisme signifie l'anéantissement de notre culture! L'histoire de la décomposition de l'Empire romain, de la ruine de sa culture au troisième siècle, nous font comprendre quel sera le sort de l'Europe, si nos élites n'ont plus les forces nécessaires pour s'opposer à la corruption intérieure.

L'Italie nous a montré comment on peut résister à la folie moscovite, comment on peut guérir l'empoisonnement léniniste. Les principes fondamentaux du fascisme conservent partout leur valeur. L'application seule diffère selon le progrès du mal et les traditions de chaque pays. Une chose est certaine : partout il faut fortifier ou rétablir les principes d'ordre, de discipline et de hiérarchie, si l'on ne veut pas que la société européenne sombre, que sa culture soit anéantie. Si l'on peut rétablir ces principes dans les cadres existants, tant mieux; mais si ces cadres se révèlent déjà si vermoulus, qu'ils ne permettent point de restauration, tant pis. Que l'on dirige alors ses regards vers l'Italie, que la récente Renaissance italienne serve de leçon. Et que l'on ne discute pas indéfiniment, comme c'est l'habitude dans tous les régimes épuisés.

Le 24 octobre 1917, lorsque les bolchévistes firent les premiers efforts pour accaparer le gouvernement, le Parlement russe délibérait. Kerensky y prononçait un de ses beaux et émouvants discours, puis on suspendit la séance durant plusieurs heures pour... chercher une formule d'ordre du jour qui pourrait rallier la majorité des voix. Et lorsque, tard dans la nuit, le Parlement avait enfin réussi à combiner la formule et que cette formule eu la chance de trouver une majorité... les révolutionnaires bolchéviks s'étaient installés dans la ville. Le lendemain, les députés avertis par la leçon du jour précédent, prenaient-ils des mesures énergiques? Pas du tout. Ils se réunirent, discutèrent la situation, cherchèrent peut-être même d'autres formules, jusqu'à ce que... les gardes rouges et les matelots bolchéviks les chassèrent à tout jamais.

Le fascisme, grâce à Dieu, ne discute pas, mais il agit. A quoi bon d'ailleurs discuter ce qui appartient au passé? A quoi bon se demander si Mussolini a commis un acte illégal en ordonnant la Marche sur Rome. On serait tenté de rire — car rire vaut toujours mieux que pleurer — quand on voit s'évertuer les uns à condamner le fascisme parce que Mussolini aurait commis un acte illégal, et les autres à le défendre contre cette accusation en établissant que cette action n'aurait été ni absolument illégale, ni tout à fait insurrectionnelle, ou en affirmant que l'illégalité se serait accomplie légalement, ou encore, en rappelant que le Roi aurait donné une apparence de légalité au coup d'Etat en refusant de décréter l'état de siège qui lui avait été demandé par le ministère Facta.

En effet, conquérir le pouvoir à main armée paraît illégal, répondre à un appel du Roi pour former un ministère paraît tout-à-fait conforme à la règle. Ceux qui prétendent que c'était une révolution ont donc parfaitement raison et ceux qui le nient ont aussi parfaitement raison. Avec M. Pernot, [1]) on pourrait même démontrer que Mussolini combattait un système illégal, car, dans le courant

[1]) L'expérience italienne, p. 13 ss.

des années, les attributions du parlement et du gouvernement avaient supplanté celles du Roi, garanties cependant par le Statut italien. Ainsi on établirait que Mussolini n'a pas fait autre chose que d'abolir illégalement un système illégal lui-même. Mais combien peu d'importance ont ces petites distinctions devant le fait que Mussolini a sauvé sa patrie de l'abjection moscovite. Ne vaudrait-il pas mieux de dire avec Napoléon que celui qui sauve sa patrie ne viole aucune loi? L'histoire nous enseigne, en effet, que l'on ne sauve généralement pas sa patrie par des moyens légaux. Et que Mussolini ait sauvé sa patrie, personne n'en peut douter.

Il l'a fait en instituant, avec le consentement du peuple, une espèce de dictature, car, dans les périodes de crise, seule la dictature est capable de sauver la patrie. Grâce à elle, le pouvoir peut s'appliquer, sans se perdre dans de vaines combinaisons de couloirs, à atteindre le but unique, qui consiste dans le sauvetage de la patrie. Mieux vaut, dit M. Camille Aymard, dans son livre poignant et vrai [1]), mieux vaut le salut du pays par la dictature que sa déchéance et sa ruine dans le respect étroit de formes désuètes, impuissantes à parer aux graves périls de l'heure.

Puisque, au temps des grands bouleversements sociaux, l'autorité est plus nécessaire que la liberté, pourquoi ne pas avoir recours à la forme la plus appropriée aux circonstances? Lorsqu'on est sous la menace d'un grand désastre public, une dictature peut devenir légitime. L'Italie avait encore conservé la mémoire de l'Empire romain, où, chaque fois qu'une calamité ou un danger menaçait l'Etat, on avait recours à un dictateur. Lorsque tout va bien, il n'y a pas de place pour lui, mais lorsque tout paraît sombrer et que la nation a encore assez de vigueur pour ressentir une volonté de vivre, le moment de l'apparition d'un dictateur est venu. Sans lui il est impossible d'installer un régime nouveau. Des personnes d'opinions politiques opposées s'accordent à le reconnaître. Entendez Mirabeau : « La dictature est la soupape

---

[1] Bolchevisme ou Fascisme.

de sûreté des démocraties, c'est la forme à laquelle il nous faut recourir dans les circonstances extraordinaires pour assurer le salut de la patrie ». Ou Emile de Girardin : « La dictature, c'est l'autorité dans la force. Il faut à tout régime nouveau, pour éclore, le nid de la dictature ». Ou bien encore G. Larousse : « Dans une nation libre, la dictature peut devenir à un moment donné d'une absolue nécessité pour assurer le salut de la collectivité... Si jaloux que l'on soit de la légalité, il n'y a maxime de droit public qui tienne contre des nécessités évidentes, et nous tenons pour légitime toute dictature temporaire qui sauve un peuple de l'invasion étrangère ou de l'anarchie ». [1])

Personne ne contestera que l'Italie était menacée d'anarchie. Personne ne contestera que l'Europe entière est menacée, non seulement d'anarchie, mais d'une invasion étrangère horrible et d'un bouleversement dont l'histoire ne connaît pas d'égal. Que ceux qui parlent de « paix et sûreté » ne

---

[1]) J'emprunte ces citations au livre de M. Camille Aymard.

soient pas confondus comme ceux dont parle saint Paul (1 Thess. V : 3). Certes, la paix est le plus grand bien de l'humanité et l'on doit souhaiter de toutes ses forces de la posséder ou de l'acquérir. Mais, vis-à-vis du bolchevisme, devant la ruine immense et irrémédiable qui nous menace, c'est une lâcheté, c'est un crime de parler de « paix et de sûreté ». C'est seulement en montrant le poing qu'on inspire le respect aux gens de gauche.

Les fascistes n'ont pas vaincu les émissaires de Moscou en discutant et en parlementant, en parlant de paix et d'amour du prochain. Ils ont vaincu les ennemis mortels de notre civilisation en descendant dans la rue, en répondant à leurs procédés par des procédés pareils. Insultés, molestés, ils répondirent en insultant et en molestant. Puisque l'Etat n'était plus capable de les protéger, ils se protégèrent eux-mêmes. Un guet-apens, l'assassinat d'un fasciste, étaient immédiatement punis par une « expédition punitive ». Que l'on fasse de même, si jamais un Etat n'a plus les forces nécessaires pour se défendre et pour protéger la vie de ses citoyens.

Avec des accomodements, jamais on ne créera une œuvre noble et durable. Ce sont des arrangements de fin de régime, des efforts pour prolonger un système déjà atteint mortellement. Un phénomène comme le fascisme perdrait toute signification et se suiciderait, s'il tombait dans les fautes du régime démocratique-parlementaire. Jamais le fascisme ne pourra faire une politique de coalition, car il renoncerait à sa doctrine et il sacrifierait le succès final à une satisfaction momentanée. Une œuvre rénovatrice ne réussit qu'à la condition d'être intransigeante et intolérante.

Que l'on ne s'en offusque pas. Le XIXe siècle nous a saturés de libéralisme à un tel point que la plupart d'entre nous se croient obligés de se voiler la face, dès que l'on prononce ce mot fatal d'intolérance. Les catholiques spécialement en ont été si souvent accusés qu'ils se croient en devoir de s'en défendre, comme si les résultats du libéralisme tolérant étaient si bienfaisants pour l'humanité, qu'il faille le considérer comme l'aboutissement de l'évolution politique de la race humaine. On ne

peut combattre avec chance de succès le bolchevisme intolérant, qu'en se faisant intolérant aussi.
Mieux vaut combattre que de vivre en paix, en
usant d'expédients. La victoire se cueille sur le
champ de bataille, elle ne mûrit pas dans les anti-
chambres, les couloirs et les salles des pas perdus.

Au début de la révolution russe, quand Kerensky
était au pouvoir, Lénine le menaça en pleine Douma.
« Sais-tu, lui dit le tolérant Kerensky, que je pourrais
te faire arrêter? Mais je ne le ferai pas... » « Je le
sais bien, lui répondit Lénine, et je te mets au défi
de le faire. Tu es bien trop lâche. Et moi, quand
j'aurai pris le pouvoir, je te ferai arrêter et te ferai
trancher la tête ». [1] Et Lénine aurait tenu parole,
si Kerensky, le grand verbeux, n'avait pas pris la
fuite, après avoir juré le jour auparavant de mourir
à son poste. Si Kerensky avait été fasciste, il aurait
jeté Lénine du haut des escaliers de la Douma
et la Russie aurait été préservée du plus grand désastre que son histoire ait connu.

---

[1] Camille Aymard, op. cit., p. 86.

Que l'exemple de la Russie profite à ceux qui rêvent encore d'une politique de « juste milieu », qui ne veulent ni du bolchevisme, ni du fascisme. Tous ces bourgeois honnêtes et calmes, pondérés et pacifiques, ne sont plus « à la page ». Il y a des moments dans la vie des peuples, où il faut choisir sous peine de sombrer. Ceux qui ne choisissent pas, favorisent, sans le vouloir, les forces destructives qui travaillent sournoisement l'Europe. L'heure des nuances est passée, qui ne veut du fascisme, appelle et seconde le bolchevisme. Ceux qui discutent, qui pèsent et repèsent le pour et le contre, seront anéantis par les uns ou effacés par les autres.

Que tous ceux qui ne veulent pas périr se détournent d'un régime qui a vécu, qu'ils s'unissent pour restaurer l'autorité, la discipline, la hiérarchie. Et l'Europe ne sombrera pas dans les gouffres libéro-socialo-bolcheviks. Une période de vie nouvelle nous attend, si nous avons la force de secouer notre torpeur, si nous avons le courage du sacrifice, si — enfin — nous avons la volonté très ferme de suivre la route tracée par le génie latin, incarné en la personne de Mussolini.

TABLE DES MATIÈRES.